クソみたいな仕事から抜け出す49の秘訣

BUSINESS WITHOUT THE BULLSH*T

ジョフリー・ジェームズ 著
山本真麻 訳

双葉社

はじめに

私は30年にわたり、ビジネスの世界の「クソ」みたいな状況を切り抜ける戦術と、想像を絶するほどスピーディかつ楽に仕事をこなすためのテクニックを、追い求めてきた。

ジャーナリスト時代には、生ける伝説クラスの経営者から初めてのスタートアップに奮闘する名もなき起業家まで、何百人もの執行役員にインタビューをした。何十人もの販売・マーケティングの指導者にも。エンジニア時代とマーケター時代には、莫大な利益をあげる企業の成長物語の一端を担ったり、度重なる愚かな行為に耐えきれず大企業が崩壊するさまを二度も間近で見たりした。

ここ7年は、企業の中で生き残り、成長することについて、私のブログの何千人もの読者たちと日々意見交換を重ね、それをBNETやCBS Newsのウェブサイト、現在はInc.comで発信している。

この『クソみたいな仕事から抜け出す49の秘訣』は、私の探求の旅路の集大成だ。理論を説く本ではない。ありとあらゆる職場で日々実際に直面する状況への実用的なアプローチを集めた本である。

とはいえ、本書をとおして根底にあるのは、ビジネスと「クソ」に対する私の信念だ。それを意識せずに本文に入っていただいても構わないが、耳を傾けてくれる読者のためにここで紹介させていただく。

誰もがフリーランサー

かつては、ほとんどのビジネスパーソンが特定の企業に勤め、数十年単位でその企業に留まるつもりで働いていた。「終身雇用」を謳う企業すら一定数存在した。

当時は雇用主と従業員との間に暗黙の契約があった。雇用主は職の安定を保証し、引き換えに従業員は誠実に務めを果たした。職を転々とする人を雇うとなると、雇用主は彼らに不信の目を投げかけたものだ。

ビジネス界ピラミッドの最下層に位置したのがフリーランサーとコンサルタントで、ちゃんとした仕事に就けなかったために自分でサービスを売り込み続けるしかない敗者とみなされていた。そんな社会はいまや過去のものだ。いまの企業は職の安定を保証するどころか、社外のできる限り安く済むところに仕事をまわす。また、1つの雇用先に固執してあまりにも長期間勤続する人は、時代に取り残されているか主体性がないかだと思われかねない。

現代では誰もがフリーランサーなのだ。給与を受け取る立場にあり、恩恵や福利厚生、有給休暇、ご立派な肩書きを会社から与えられていたとしても、誰もがフリーランサーだ。自分のサービスを絶えず売り込み続けなければ、解雇通知を受け取るよりも先に解雇されかねない。

つまるところ、何にもまして大切なのは、常に頭の中に別の選択肢を用意しておくこと、そして新たな仕事の機会を自発的に開拓し続けることである。フリーランサーとして、いつも次の職を見据えていなければならない。できればいまの仕事よりもさらに面白く、さらに稼ぎのいい仕事を。

あなたの上司はあなた

職の安定という時代遅れの概念につきものなのが、社内ヒエラルキーだ。あなたは上司の下につき、上司はそのまた上司の、その上司はＣＥＯの、ＣＥＯは取締役会の、取締役会は投資家の下についている。

企業にはこの構造がいまだに根強く残るが、フリーランサーならば誰かに「管理される」という考え方はもはやナンセンスだ。上司はどちらかというとクライアントや顧客のような存在で、つまりあなたが上司との関係を管理する必要がある。

同時に、上司という地位も、前ほど意味を持たなくなってきている。自分はフリーランサーだと「理解」できている利口な部下は、あなたの肩書きだけではついてきてはくれない。

それだけではない。フリーランサーは、上と下だけでなく横方向をも管理する能力を持たなくてはならない。同僚の目標達成に手を貸し、自分の目標達成にも力を貸してもらえるよう他者を動かしたり説得したりする必要がある。

最後に、これが最も重要なのだが、自分自身を管理する術をも学ばなくてはならない。自分の考え、習慣、行動をコントロールして、より大きな目的の達成に繋げる。

自分を売り込め

あなたはフリーランサーであり、自分自身の上司であり、なりたいかどうかは別として、営業員でもある。

自分自身や自分のサービス、アイデアを売り込めない（または売り込まない）なら、成功などいますぐ諦めたほうがいい。いまはまだ解雇されていないとしても、その日は近いだろう。そしておそらく、ずっと同じことの繰り返しだ。

にもかかわらず、驚くほど大勢の人が売り込み方を学びたがらない。これは多分、大衆文化が売り込むという作業を見下し、不信感を抱き、嫌っているからだ。

ほぼすべての映画や演劇、テレビ番組では、営業や販売を仕事とする人物は口がうまいペテン師か、みじめな冴えない奴として描かれている。営業に対するこの偏見は学問の世界にも広がっていて、営業を教えるビジネススクールを持つ大学はほんのひと握りしかない。

真実を言おう。いまもこれまでも、ビジネスの核を成すのは売る行為だ。自社の製品を売ることのできない企業は倒産する。非営利組織や政府機関でさえ、自分たちのサービスがいかに便利かを売り込んでくれる**誰か**に完全に依存している。

本当に安定したキャリアが欲しいなら、売り方を学ぼう。

明確化が力になる

他者（上、下、横方向）を管理して、その人たちに自分の価値を日々売り込む以上、あなたにとって何よりも大切となる管理・販売スキルは、自分の思いを理解してもらう力だ。

かつては、あえて不明瞭さを貫くこともビジネスに一定の価値を生んだ。技術者や科学者が正確な表現を求められる傍ら、ビジネスパーソンは問題をぼかす技を活用してきた。「舌先三寸」という言葉があるように。

しかし現代に生きる私たちは、情報であふれかえる社会で働いている。マッキンゼーのデータによると、平均的な会社員は毎日１００通以上のメールを送受信し、その行為が勤務時間の３分の１近くを占めるそうだ。

さらに悪いことには、グローバル化とデジタル化という抗いようのない巨大な波がビジネスの仕組みをいっそう複雑にしている。結果、官僚的な曖昧（あいまい）な話し方にあった多少のメリットも、ずいぶん前に消えた。

情報にあふれる世界で本当に難しいのは、複雑なものをかみくだいてシンプルに伝えることである。これをうまくできる人が力を持ち、そうでない人は広大な情報の海に溺れてしまうだろう。

テクノロジーより人間

ハイテク企業はここ数十年間、テクノロジーを導入しさえすれば問題は勝手に解決するというでたらめな考えを吹聴してきた。だが、テクノロジーは人間が選択した活動の速度を上げるにすぎず、その高速化が問題を解決するかもしれないし、新たな問題を生むかもしれない。

たとえば企業に初めてEメールが導入されたとき、目的は生産性の向上だった。かつて文章をタイプして相手に届けるまでに1時間かかっていたのが、メールを使えばものの数分でできるようになった。

残念なことに、メールの利便性を、文章を書く時間を削減する方向に活かす人がいる一方で、送る文章の数を増やして情報過多を加速させる方向に活かす人もいる。

テクノロジーは進歩したかもしれないが、協力関係を築いたり、相談役を見つけたり、アイデアを売り込んだりといった企業内の人間の活動は、過去にいつも行われてきたことと何も変わっていない。

したがって、最新テクノロジーの使い方を理解することも大切だが、他者を理解し、周囲の人の動機がどこにあるのかを見抜き、ひとりひとりの要求を満たす方法を学んでこそ、社会に価値を生み出す能力が育まれる。

これが私の持論なので、本書ではテクノロジーよりも人間と行動に重きを置いている。たとえばソーシャルメディアやメールのテクニックについて述べる部分でも、重視するのはそのテクノロジーを使って他者をどう動かすかという点だ。

度胸が大事

本書に登場するアドバイスや会話例のなかには、自分には現実的ではないと感じるものもあるかもしれない。だがそう感じるときこそ、そのアドバイスに**絶対に**従ったほうがいい。

たとえば「怒鳴る上司に口を挟み、大人の節度を持って扱ってほしいと要求し、上司が応じなければ部屋を出て行く」という助言を読んで、恐ろしくてできるわけがないと感じたとする。この恐怖心は、あなたの被害者になりやすい傾向の現れだ。

本当に被害者にならないようにする唯一の方法は、文章で読んだだけでも居心地悪い大胆な行動を実際に起こすことである。それには勇気が必要だ。

勇気と恐れ知らずは同義ではない。恐れ知らずは単なる馬鹿だ。勇気とは、欲しいものを得るためにリスクを取ること。自分のために立ち上がるといまの職を失うかもしれない、という現実に立ち向かうことだ。

本書では、失業しないためだけでなく常により良い職を手に入れるために、どのように基盤を築くかを解説する。ただし、どのアドバイスも、それを実行する勇気を奮い起こさないことには役に立たない。

結果はあなたの考え方次第

ここまでの段落で私は、職場、自分の役割、仕事の人間関係の本質についてのよくある思い込みを正そう、または少なくとも疑問視してもらおうと、意見を書き連ねてきた。

なぜなら、あなたが仕事で成功するか・成功できるかを決めるのが、考え方だからだ。成功のためには、現実の一部分である「事実」と、現実が**何を意味するか**をあなたが解釈したにすぎない「考え」とを分けて考えなければならない。

与えられた状況であなたがどのくらい良い（または悪い）結果を出すかを決めるのは、事実ではなく考え方だ。たとえば、景気が低迷しているとしよう。景気は事実だ。その事実が自分にとって何を意味するかを自分で決めた結果が考えである。

ある人は景気低迷を「いま仕事を得るのは不可能に近い」と解釈するかもしれない。これが考えだ。だが別の人は「いまこそ企業は私のような人材を求めている」と解釈するかもしれない。これも考えだ。

まったく同じ事実からこのように正反対の考えが生まれる。どちらが「正しい」かはここでは重要ではない。重要なのは、仕事を見つけるのは不可能と信じ込んでいる人は、自分は必要とされていると信じ込んでいる人と比べると、仕事を得たり採用面接がうまくいったりする可能性はものすごく低いという点だ。

ビジネスの世界は難題だらけだ。ゲームが最初から仕組まれていることもある。理解に苦しむ行動をとる人もいる。取引が駄目になることもある。計画どおりに行かないこともある。

だから何だ？　問題が起きるときには起きる。それでも自分の前向きさ、熱意、積極性を保つことのできる考え方をすれば、立ち上がり、再挑戦して、最後に成功を摑める可能性はぐっと上がる。

現実から目を背け、世界をむやみに楽観視しろということではない。ただ、考え方をよく選べということだ。望む結果を手にできる方向に現実を解釈しよう。

ビジネスは単純

ビジネスとは複雑であり、その原理に精通することは難しいと一般的にはいわれている。しかし、どんな業界や職業でも特定の専門技術は求められるものの、ビジネスの仕組み自体は実は割と単純だ。

巷（ちまた）にあふれる経営コンサルタントや業界アナリスト、従業員教育の講師の生計は、物事をいかに複雑なままにしておくかにかかっている。ビジネスは実は単純だと人々が気付いてしまったら、誰も彼らを雇わない。

専門知識に加えてほんの少しの秘訣と近道さえ知っていれば、あなたも仕事で真の成功を収めることができる。成功は神秘的な謎に包まれてなどいない。必ず手が届くところにある。

本書はまさにそれに関しての本で、私が生涯をかけて発見してきた最も効果的なテクニックと戦術を盛り込んだものだ。できる限り単純化してわかりやすく書いたつもりである。

本書の読み方

『クソみたいな仕事から抜け出す49の秘訣』は、小説や従来のビジネス書のように、表紙から順を追って読む想定で書かれてはいない。状況別に、対処法のアドバイスと段取りを紹介している。よって、好きな章（「秘訣○」）から読み始め、必要なテクニックをすぐに活用していただきたい。各章の最後には、概要がひと目でわかる「まとめ」も添えている。

どの秘訣も個別で活用できるが、関連性のある秘訣をグループにまとめて整理した。たとえば、「採用面接の前にすべきこと」のすぐ後に「採用面接で採用を勝ち取るには」を続けている。

全体の構成としては、ＰＡＲＴごとにそれぞれビジネスライフの異なる面にフォーカスしている。あなたのキャリアの段階に合わせていま最も役に立つＰＡＲＴを読み、応用するといい。

最初のテーマに上司をコントロールする方法を選んだのは、ブログの読者コメントから見るに、いちばん差し迫って必要な秘訣だったからだ。続けて同僚と部下のコントロールへと話を広げ、そして自分自身と自分のキャリアのコントロールという内面に向かう。

というわけで、ＰＡＲＴⅠ〜Ⅳでは、共に働くさまざまな相手や自分自身から望みどおりのものを引き出すためには必要なものを伝えている。

ＰＡＲＴⅤでは、自分のアイデアを売り込み、提供するサービスの付加価値を明確に伝えるために必要な能力を紹介する。ＰＡＲＴⅥとⅦでは、あなたをキャリアの軌道から突き落としかねない特殊な状況への対処法を説明する。

最後にひとつ。本書に盛り込んだ知恵の多くは、ブログの読者たちから寄せられたコメントやメールをもとにして生まれた。それでいて恩返しをしないというのはあまりにも怠慢ではないか。質問や意見があればメール（gj@geoffreyjames.com）で送っていただければ、必ず全力を尽くしてお答えする。

この本をあなたに贈る。

クソみたいな仕事から抜け出す49の秘訣　目次

PART Ⅶ 悪と闘う

PART I

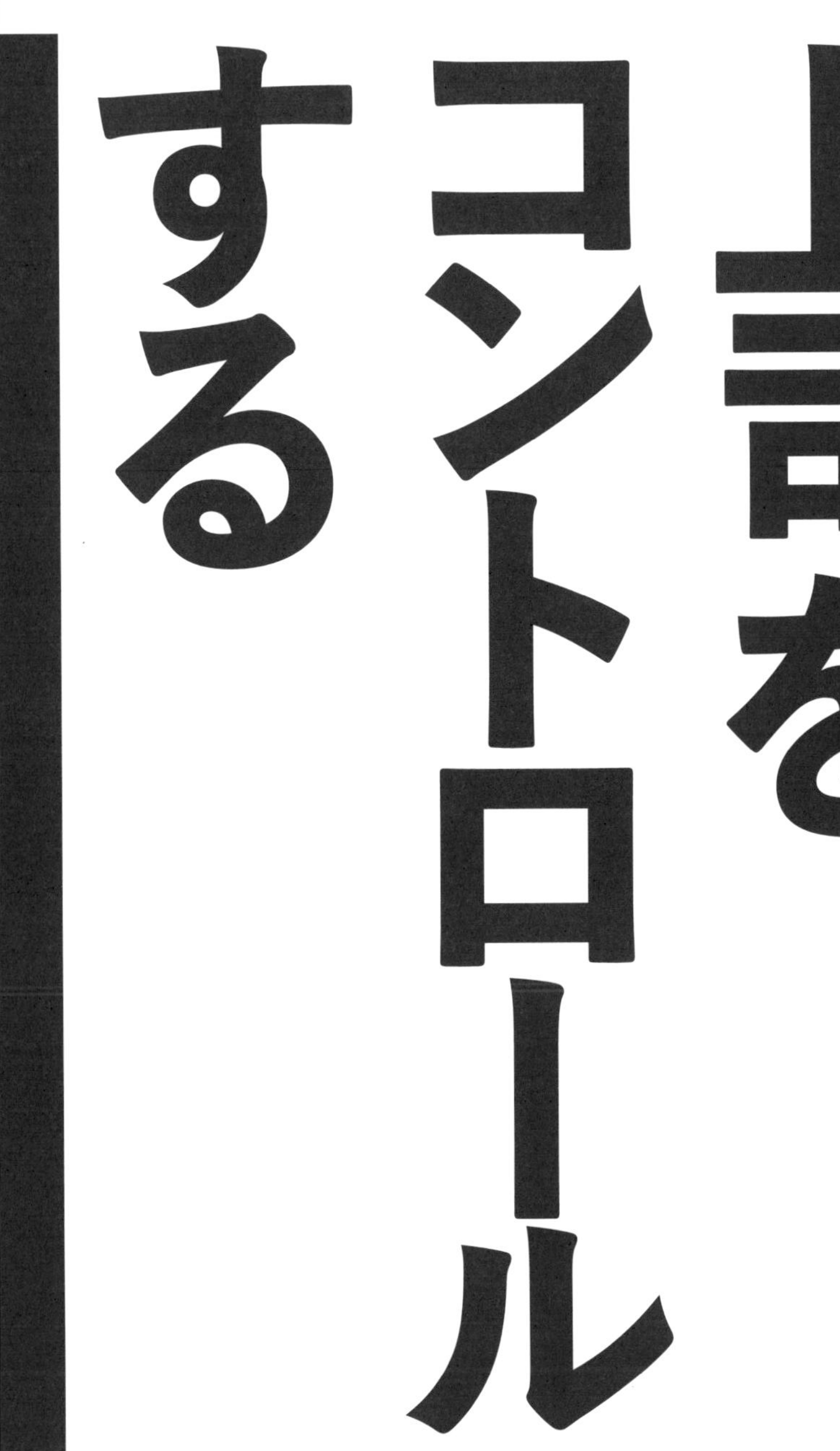

上司をコントロールする

誰でも、キャリアで成功するかどうかは自分のスキル次第だと考えがちだが、実際はスキルはたいして影響しない。昇給、昇進、その他のお得な特権を得られるかどうかは、あなたが上司をコントロールできるかにかかっている。

あなたが上司のお気に入りではない、さらに悪ければ上司に存在すら認識されていないなら、キャリアアップに繋がる仕事を割り振ってもらえる日など来ないだろう。上司に嫌われているなら、別の部署に移ったり上司が替わったりでもしない限り、つらい日々が続く。

上司をコントロールするカギは、上司を「監督者」や「司令官」と捉えないことだ。本来、上司と部下は成功のために互いが互いを必要とする共生関係になければならないからだ。

上司とはあなたの業務遂行を援助してくれる人だと考えよう。必要なリソースを確保し、意見が割れたときに決断を下し、部署間の問題に対処して、あなたの昇給のための予算を獲得できる人だ。

PARTIでは、上司をコントロールするにあたって押さえておくべきことを伝授する。

◎**秘訣①「上司を12タイプに分類する」**では上司を分類し、それぞれのタイプが部下をマネジメントする典型的な手法と、上司をあなたの望みどおりに動かす基本的な戦略を説明する（⬇22ページ）。

◎**秘訣②「上司を満足させるには」**では、上司のタイプに関係なく、上司があなたに何を期待しているのかを解説する。ルールは8つ。8つ目がずば抜けて重要だ（➡32ページ）。

◎**秘訣③「望みどおりに上司を動かすには」**では、あなたの手柄を上司に残さず知ってもらい、個人対個人の信頼関係を築いて大きな関心を寄せてもらうための計画を、順を追って説明する（➡38ページ）。

◎**秘訣④「人事評価を有効活用する」**では、定期的な人事評価をあなたのキャリアアップの推進力に変える方法と、今後の昇給や昇進の土台の築き方を説明する（➡46ページ）。

◎**秘訣⑤「給与アップを交渉する」**では、ひとつ前の内容を踏まえて、あなたが現状より良い給与に値する存在であると、上司に自然にかつ説得力をもって理解してもらう段取りを説明する（➡52ページ）。

◎**秘訣⑥「理不尽な要求を切り抜けるには」**では、できるはずがないことを上司から要求されたり、あなたのキャリアに傷が付くおそれがある頼みごとをされたりといった、理不尽な状況を切り抜けるコツを教える（➡62ページ）。

◎**秘訣⑦「怒鳴りちらす上司に対処する」**では、職場のモラルに反するような行動を取る上司から攻撃されない方法を、段階を追って説明する。もちろん、そんな場面に出くわさないに越したことはないが、万が一に備えて対処スキルを身に付けておこう（➡66ページ）。

秘訣①——上司を12タイプに分類する

職場ではさまざまなタイプの上司からさまざまな指示を受け、一緒に働かなければならない。自分の上司のマネジメント法にどのような特徴があるかを見極めるとやりやすい。

何年にもわたって何人もの上司と働いてきた（そして上司に関する愚痴をさんざん聞いてきた）私の経験から、上司は12タイプに分けられ、タイプによって扱い方を少しずつ変えるべきだといえる。

秘訣①は、あなたの周りにもいるであろう上司のタイプと、それぞれとの付き合い方の戦略をまとめた実践ガイドである。具体的な対処法も必見だ。

1. 理想家タイプ

理想家タイプの上司の目は、いま目の前で起きていることではなく未来に向いている。「俺の理想についてくれればチームで不可能を可能にできる」と説く「現実歪曲空間」〔訳注：スティーブ・ジョブズが持っていた能力を表す言葉〕をつくり出して、マネジメントをする。

理想家タイプにはスティーブ・ジョブズをロールモデルに掲げる人が多いが、これがまた曲者だ。ジョブズ同様、このタイプは狭量で何かにつけて批判し、公正さに欠け、思いどおりにいかないとかんしゃくを起こすこともあるからだ。

イメージどおりかと思うが、理想家タイプはハイテク企業やバイオテクノロジー企業に最も多く生息する。たとえ伝統的産業に転職しても、古巣の業界に舞い戻ってくることが多い。

理想家タイプの下で働くなら、自発的にクールエイドを飲み〔訳注：鵜呑みにして何も疑うことなく従うという意味〕、ただただ長時間働いて、「この製品が**世界を変える**」などという上司の台詞にひたすら耳を傾けつづけること。それが苦でなければ、理想家タイプの上司のかんしゃくもむしろ楽しみながら、うまくやっていけるだろう。

2. 野心家タイプ

野心家タイプは出世が命。役員室への昇進の助けになるか邪魔になるか、その基準でしか部下を見ていない。

野心家はベテラン政治家と同じで仲間を持たず、全員がライバルだ。少しでもいい地位に就き、功績を我がものにして、味方を増やすにはどうすればいいかの画策に時間と労力を無限につぎ込む。

野心家タイプとの関係を築くのに忠誠心は不要だ。上司の評判を下げるようなことをした瞬間に、腐りかけたサバのごとく即座に捨てられる。

要は、野心家の上司を持ったら上司の評判をとにかく上げなければならない。そして（これがいちばん大事なのだが）、上司がライバルに〝刺され〟そうになったときに盾となれる部下でいよう。

3. お役人タイプ

お役人タイプは、何ごともマニュアルどおりに進めてこそ地位と権力が手に入ると信じ込んでいる。現状（自分に権力が与えられているいまの状態）を至高の状態とみなしているため、変化には抵抗する。

ひと昔前のお役人タイプは何枚にもわたる事務書類をこよなく愛していた。現代版のこのタイプが大好きなのは、何ページにもわたるオンラインフォーム。会議もお気に入りで、とりわけ誰かの進捗を精査・追求する時間が大好物だ。

このタイプは「大企業」と自ら呼ぶところに生息する。周りに人が少ないと、実は大したことをしていないとすぐにバレるので、このタイプは中小企業に入るととても弱くなる。

お役人タイプの上司には意外性がないので、喜ばせるのも簡単だ。いっさい合切を事細かに記録し、たとえもはや役には立たなくとも過去に実施したことのある作業だけを繰り返せばいい。警告：お役人タイプは部下の独創力を否定し、駄目にすることが多い。

4. 理系オタクタイプ

技術者上がりの上司は、テクノロジー志向の世界観を持ち込んでくる。必ずしも悪いことではないが、部下は決まって技術的な能力だけで評価されがちだ。

理系オタクタイプは、何かしらの技術分野を専門に持つ従業員を好む。その分野がニッチであればあるほどいい。文系の連中（ＭＢＡ取得者など）は、どいつもこいつも馬鹿で使えないと思っている。

このタイプの上司がすぐ近くに座っているにもかかわらずメールでばかり連絡をよこしても、腹を立てないこと。彼らは人と直接関わるのを避けたがる人種だ。

理系オタクタイプに気に入られるいちばん簡単な方法は、コンピューターオタク系のポップカルチャーに詳しくなることだ。できれば業務の要点を説明するときに『スター・ウォーズ』や『スター・トレック』の台詞を引用してみよう。

5. 時代遅れタイプ

このタイプは、「秘書」（もしくはそのような人）が「タイプライター」（もしくはそのようなもの）を使っていた時代を経験している。皆、知識は大量に詰め込んできたが、現実に世の中で起こっていることについてはまるっきり無知だ。

定年退職が近い時代遅れタイプは陽気でのんきな傾向がある。ただし、経済的な問題からまだ退職するわけにはいかない人は、気難しいイタチよりもたちが悪い。

上司がこのタイプなら、同じ「苦労話」を何度も聞かされるので辛抱強さが必要だ。だが年寄りだからといって見くびってはいけない。時代遅れタイプは、特に社内の争いごとなどでは驚くべき抜け目のなさを発揮する。

時代遅れタイプが求めるものは2つ。若者からの尊敬と自分にはまだ価値があることの証（あかし）だ。また、部下に対しては助言と時間を惜しみなく与えるので、良き助言者の素質も持つ。

6. 生意気な若造タイプ

時代遅れタイプと対照的なのが、熟練社員をまとめる役に任命された、大学を出たばかりの若手敏腕社員だ。このタイプは精力的で熱心だが、実は自分の話など誰も真剣に聞かないのではないかと内心びくびくしている。

その不安はかなり大きいので、生意気な若造タイプの上司と働くときには次の2つの基本ルールを守ろう。（1）上司の仕事への熱意を肯定する。（2）上司の経験の乏しさを決して指摘しない。

このタイプの経験不足が原因で起こった問題への対処に多大な時間を取られることも、もちろんあるだろう。それは仕方がないと諦め、**熱意を持って**取り組むことを忘れずに！　とはいえ、配属されて間もない生意気な若造タイプの専門知識の乏しさに寛容になりきれない人は、転職を考えてしまうかもしれない。

7. 仲良しこよしタイプ

このタイプは、マネジメントもコミュニティづくりのうちだと考えている。そんな上司にとっては、職場での人と人との交流が実際の業務と同じくらい（もしくはそれ以上に）大切なのだ。

仲良しこよしタイプは常に、全員一致による意思決定を目指している。**大量の**会議を開き、ひとりひとりに意見やアイデアを発表させることに**大量の**時間を費やす。チームメンバーを少しでも「失望させる」可能性のある意思決定はしたがらない。

仲良しこよしタイプの下で働くと、常に周囲と協力しあい、味方を増やすことが要求される。上司の決済が必要なときは、まずチームメンバー全員におおっぴらに支持してもらう必要がある。

ここでひとつ警告しておこう。自分の感情のコントロールとなると、このタイプの上司はまるで圧力鍋だ。蒸気が漏れ出るかのように小さなかんしゃくの発作を繰り返すか、あるとき突然、爆発する。もしあなたの上司が後者ならば、爆発するときには近くにいないほうがいい。

8. 独裁者タイプ

典型的な「言うことを聞けないなら出ていけ」タイプの上司。ほとんどの人がこうした態度を不快に感じるだろうが、独裁者タイプの下で働くことにはメリットもある。このタイプは、素早く効率的に決断し、細部を過剰につつきまわすことはしない。

もうひとつのメリットは、部下に対する評価がわかりやすい点だ。独裁者タイプの上司は、影であなたを裏切るくらいなら、真っ向から〝刺し〟にくる。

あいにく独裁者タイプは外部の意見を受けつけず、変化に弱い。失敗するとき（いずれ必ず失敗する）は、とんでもない規模となる。

独裁者タイプの下で働くコツは、（1）命令に従う、（2）命令に従う、（3）独裁者タイプが会社（またはあなたの部署）を崖に向かって押していると気付いたらすぐに次の職に飛び移る、だ。

9. スター営業マンタイプ

どんな仕事でも何かを売り込む必要があり、どんな上司にも、さらに上の上司と部下にアイデアを売り込む能力が求められる。スター営業マンタイプの上司の問題は、売り込み以外のことは何もできない点だ。

売上トップの営業マンが管理職に昇進して、スター営業マンタイプの上司となるケースが多い。管理職には顧客に売り込むスキル以上に必要とされるスキルがいくつもあるにもかかわらず、こうした昇進は後を絶たない。

スター営業マンタイプは自発的で精力的。コミュニケーションが上手く、ニーズを把握したり現実的な解決策を考えたりすることに長けている。なぜなら、営業マンだからだ。

したがって、このタイプの上司と付き合うコツは、上司に「売らせる」ことだ。取引が成立するよう協力したり、条件交渉を要する状況をつくったりするといいだろう。部下を監督するよりも（昔のように）自分が実際の業務に携わるほう（昔のように）を好む人たちなのだから。

10. 殺し屋タイプ

投資家の関心を集めるため、またはその企業を売りに出すために、従業員数をとにかく早く削減したい組織が殺し屋タイプを採用する。

任務内容から考えても、このタイプは人間の優しさというぬるま湯には浸らない。とはいえ、彼らもやはり人の心を持っているので、自分の任務について「企業内選別」や「社内に風を通す」などポジティブな言葉を使いがちだ。

殺し屋タイプの下で働く人間は2種類しかいない。子分か被害者だ。子分役のほうがましだが、それも結局は一時的なもの。いずれは首を切られる。

殺し屋タイプに対処する最善策は、彼らがやってくる前に職場を去ることだ。社内の掲示に注意を払っておこう。たとえば掲示に「プライベート・エクイティ投資」という言葉が含まれていたら、転職先探しがあなたの急務だ（**秘訣㊴「一斉解雇が発生したら」**参照➡274ページ）。

11. 迷える子羊タイプ

時折、マネジメントの才能ゼロの人間が権限を持つ立場まで上り詰めることがある。マネージャーが突然いなくなり、後任が見つかるまでのあいだ、砦を守る人間が必要となったパターンが一般的だ。

迷える子羊タイプは、すでに用意されている方針と方策を継続する以外に何をすべきか見当もつかない。やがては自分の地位を誰かに奪われるとわかっているので、高い地位に押し上げられた瞬間から何をするにも恐くてたまらない。

このタイプの上司が部下に求めるのは、難しい意思決定を**ひとつも**上司にさせずにプロジェクトを進めることだ。ただ、部下を喜ばせたいがための「小さな意思決定」にならば応じてくれる。

このタイプの下で働く最大のリスクは、子羊をあまりにも成功させてしまうと、経営陣が一時的な人事を固定するかもしれないことだ。そうなったら、あなたは迷える子羊の重荷をずっと背負いつづけるハメになる。

12. ヒーロータイプ

世界には、他人を管理することに適した性格と特性を持ち合わせている人間が実在する。「生まれながらのリーダー」であるそのタイプは、ゴミの山の中のダイヤモンドくらい希少な存在だ。

ヒーロータイプは自分で実行するより他人に指導するほうを好む。部下が最高の成果を出すために何が必要か、それはどうすれば手に入るかを正確に突き止める能力を持つ。

成功は常に部下の功績とみなして、失敗があれば自分ひとりで責任をとる。「責任を押し付ける」のではなく「すべての責任は自分にある」が信条だ。

ただし、ヒーロータイプの下で働くデメリットが2つある。ヒーローはすぐに昇進するか別の場所に引き抜かれる可能性が高いことと、一度ヒーロータイプの下で働くと馬鹿な上司への適応能力を失うことだ。

まとめ｜上司を12タイプに分類

○**理想家**は部下を激励する間抜けなので疑わずに従え

○**野心家**は上だけを見ているので手厚い対応を期待するな

○**お役人**は変化を嫌うのですべてを記録せよ

○**理系オタク**はガジェットにご執心なので詳しくなれ

○**時代遅れ**は尊敬されたがっているので助言を求めろ

○**生意気な若造**は不安がっているので熱意を見せよ

○**仲良しこよし**は全員一致を好むが爆発の危険あり

○**独裁者**は意思決定が早いが大惨事を招く

○**スター営業マン**は常に売る行為をしていたいので売らせろ

○**殺し屋**には首を切られるのでいますぐ次の職に移れ

○**迷える子羊**は部下の助けを必要とし依存してくる可能性あり

○**ヒーロー**は希少なので一緒に働ける時間を楽しめ

上司を満足させるには

どんなタイプの上司も、部下に望むものは同じだ。だが、残念ながらその内容をはっきりと言葉にできる上司ばかりではないので、私がここにリストアップする。これで何を期待されているかがわかるはずだ。

1. 約束を守る

上司はあなたを信頼したい。本当だ。あなたなら仕事を完璧にやり遂げ、上司も含めたほかのメンバーを困った状況に陥らせることはないと信じたい。ただし、信頼するには、あなたが約束を守る人であることが前提だ。

したがって、仕事を割り当てられたら熱心に、いっそ熱狂的にやり遂げよう。「やります」と上司に伝えたことを全うする。決して傾倒しすぎたり、「やってみます」や「多分やります」などの曖昧な言葉で保険をかけたりはしないこと。

部下としては、何にも増して上司から信頼に値すると思われたい。言葉に行動を伴わせれば上司の肩にかかる心配という重荷は軽くなり、上司の仕事はずっと楽になる。

2. サプライズはいっさい不要

必ずといっていいほど上司を夜な夜な悩ませるのは、部下が実は失敗を犯しているにもかかわらず自分に何も報告していないのではないか、という密かな恐怖だ。大惨事になる前に心配ごとが消えますようにと上司は願う。

悪い知らせを聞いたら上司は怒るだろうと不安になっても、最悪の瞬間まで報告を引き延ばしてはならない（ただし後で述べるように、報告と併せて最善の解決案を伝えること）。

悪い知らせにショックを受けて「報告した人のクビを切る」タイプの上司には、まめな報告が特に重要となる。「クビを切られ」ないためには、大きな問題に発展する前に日頃からプロジェクトの進捗情報をまめに伝えよう。

3. 真剣に業務に向き合う

上司は部下に完璧さを求めはしないが、与えられた業務に真剣に取り組み、良い仕事をきっちりとやり遂げようとする部下を、高く評価する。

仕事に対して不真面目な態度を取る部下以上に上司をいらだたせるものはない。目の前の問題をユーモアのセンスで笑いに変えるならいいが、ちゃらんぽらんな発言はいらない。

仕事をプライベートの延長と捉える部下には、上司はとりわけ怒りを感じる。最近聞いた話では、職場にボーイフレンドを連れてきて仕事中にお喋りをしても構わないと思っていたインターン生がいたそうだ。ありえない！

4. 進言し、決定に従う

意思決定を迫られた上司は、あなたの助言と意見を実は頼りにしている。その内容があなたの得意分野であればなおさらだ。なお、最善の意思決定のためにできる最高の力添えが、まさにあなたなりの意見を言うことである。

上司が愚かな決断を下しかけていると気付いたら、より良い決断に変えるために説得を試みるのもあなたの仕事だ。最善案を提示して、意見を明確に伝えよう。

ただし、上司がいったん決定を下したら、あなたがその決断を最善と思うかどうかは別にして、決定された内容を否定せず実行に全力を尽くすこと。おそらく結局はあなたよりも上司のほうが賢いし見識も広いのだから。

5. 不満ではなく解決策を伝える

上司が変更したくないこと、または変更する権限を持たないことに対して不満を垂れ流す行為は、上司にとってはこの上なく腹立たしい（もしくは、うんざりする）。

基本的には、解決策を提案したい場合や助言を求める場合以外は、問題提起をしない。いったん助言を求めたなら、助言に対し「はい、ですが……」と返してはいけない。

もし解決策を提案するなら、上司に実行してもらう案よりも、あなた**自身**が実行する案のほうが好ましい。「上に対して任務を課す」部下を上司はひどく嫌うものだ。

6. 明確に伝える

業界用語や専門用語、曖昧な言葉のオンパレードに、付き合う気も時間も上司にはない。仮に、上司自身はこのような言葉なしに会話できないとしてもだ。

上司に何かを伝えるときは、短文で話したり書いたりし、できる限り少ない言葉でわかりやすく要点をまとめる（**秘訣㉙「ビジネスコミュニケーションの5つのルール」**参照➡２０６ページ）。

情報が明確に伝わると、上司の仕事が楽になるのみならず、あなたが従事する内容（とその理由）が上司経由でＣＥＯなど経営陣にも伝わりやすい。

7. 最善を尽くす

上司はあなたに、どんな業務にも精いっぱい最善を尽くすことを期待している。成功を阻む障害や問題を乗り越えることも期待している。

ありがたいことに、仕事で頭角をあらわせばゆくゆくはあなたの利益に繋がる。うわさが広まるのは早い。オンラインで広く繋がりあう現代ビジネスの世界では、最終的には社内の人間全員（そして社外も）があなたの成功を知るだろう。

製品の品質がそのブランドのイメージを形づくるように、あなたの仕事の質があなたの評判をつくる。さらに重要なことには、いまの時代にはその評判はインターネット上で永遠の命を得て、一生あなたについてまわる。

8. 上司が成功できるようにする

採用時の職務記述書に何と書かれていたにしろ、**あなたの真の仕事は上司を成功させることだ**。上司のタイプに関係なく、このルールに**例外はない**のでご安心を。

まとめ｜上司を満足させるには

○やると言ったことをやる

○上司にまめに情報提供する

○仕事の質を大切にする

○上司の決断を受け入れる

○泣き言を言わずに問題を解決する

○簡潔かつ明確に伝える

○ベストを尽くす

○**最重要**：上司を成功させる

秘訣3——望みどおりに上司を動かすには

上司があなたに望むものがわかったところで、今度はどうすれば上司があなたのキャリアアップと利益のために動いてくれるかを考えてみよう。

1. 希望のマネジメント方法を伝える

上司と初めて話をするときに（できれば、その上司の下に付くと同意する前に）、どのようなマネジメントスタイルが自分にとって最適かをじきじきに伝えよう。

自分に合った最適なマネジメントスタイルを知るには、まず自分自身を知ることだ。働いた経験がそれなりにあるなら、すでにいくつかのマネジメントスタイルに出会ってきたのではないだろうか。どのように管理されたときにいちばん成果を出せたかを思い出そう。

初めての職場にいるなら、学生のときの経験から考えてみよう。どの教師があなたの意欲を掻き立ててくれたか。それはなぜか。学びを得るのが難しかったのはどの教師だったか。

また、自分に次の質問をしてみてもいい。

Q1　人前で称賛されることが好き？　それとも居心地悪く感じる？
Q2　批判されたら傷ついた気持ちを引きずりがち？　それとも受け流せる？
Q3　自分のやり方の良い点を指摘されたい？　それとも悪い点を指摘されたい？

この3つの質問の目的は、自分の性格と自分が求めるものを十分に理解し、自分をいちばんよく管理できそうな方法を明確に伝えられるようにすることだ。これを伝えないと、当然、上司が最も慣れたマネジメントスタイル一辺倒で管理されることになるだろう。

自分に合ったマネジメントスタイルの希望を伝えるベストタイミングは、上司との最初の面談だ。すでにその上司のもとで働いている場合は、次の一対一の面談の機会に話してみよう。大事なのは先延ばしにしないこと！　希望が明確であるほど上司との関係は良好になり、互いに最大の利益を得ることができる。

2. 会議の準備は周到に

たいていの上司は、部下の無能ぶりに不意を突かれるのではないかと日々不安を抱えている。安心感を得るために、部下の仕事の状況について手当たり次第に詳細を聞き出そうとするのはよくあることだ。

質問責めされてまるで自分が尋問されているかのように感じるなら、そのとおりだ。自信を持って丁寧に回答すれば、上司はあなたを有能と判断するだろう。ためらったりはぐらかしたりすると、仕事に対していい加減な奴だと思われる。

質問の矛先を前もって知ることはできないので、どんな質問にも答えられるよう準備しておこう。直属の上司との1時間のミーティングなら準備に1時間かける。上司のそのまた上司との会議なら2時間といったふうに、相手の職位が上がるに従って1時間ずつ増やそう。

3. あなたが有能である証拠を伝える

どれだけ有能な上司であっても、何かを忘れることはある。考えごとで常に頭がいっぱいなので、あなたが取り組んでいる仕事内容やあなたがどれほど素晴らしい成果を出しているかについては、なおさら把握していない可能性がある。

コミュニケーションを取らなければ、最悪の場合、あなたが目標と目的を達成しても上司にそれを軽視されるという結果につながってしまう。そうなれば、あなたの献身は功績ではなく無駄な努力とみなされるかもしれない。

こんなハメに遭うのを回避するには、自分の仕事の「アピールポイント」を考え、廊下で挨拶を交わすときなどのちょっとした機会を捉えて上司に伝えよう。

〈**実践例**〉

「私が企画した採用プログラムを通して、適任の候補者が何人か見つかっています」

「私が開発した電源管理モジュールを、精度試験と耐久性試験にかけたところです」

「A社との交渉に時間がかかっていますが、こちらが望む条件で締結できると思います」

4. 上司の周辺と交流する

上司とは一対一の関係にあるように**思い込み**がちだが、現実にはあなたは上司にとって、同僚や顧客と同様、意思決定に影響を及ぼす大勢のなかのひとりに過ぎない。

あなたの成績を評価する際、上司は社内のほかの人の意見も参考にする。したがって、単に自分の担当業務を上司に伝えるだけでは不十分だ。キャリアと自分の業務を前進させたいなら、第三者に評判を広めてもらわねばならない。

上司に影響を与える人物をリストアップし、それぞれに向けたあなたのアピールポイントを考えよう。たとえば、あなたが販売チャネル（自社従業員ではないが自社製品を販売する組織）の開発を担うマーケティングチームに所属しているとして、次のようなメッセージはどうだろう。

〈実践例〉

上司（マーケティング部長）に伝えるなら——

「新たな販売業者の採用に役立つ、販売チャネル開拓プログラムを開発しています」（これがあなたのアピールポイント）

技術部長に伝えるなら——

「開発中の販売チャネル開拓プログラムで、技術部が開発した製品を新規顧客に届けられるようになります」

製造部長に伝えるなら――

「開発中の販売チャネル開拓プログラムで、必要となる製品数をより正確に予測できるようになります」

人事部長に伝えるなら――

「開発中の販売チャネル開拓プログラムで、従業員を増やさずに収益増加を見込めます」

CFOに伝えるなら――

「開発中の販売チャネル開拓プログラムを使うと、直接販売と比べて売上総利益が20%アップする見込みです」

CEOに伝えるなら――

「私の上司の○○さんから、販売チャネル開拓プログラムの開発を任せられています。完成後は、我が社全体の収益を数%高められる見込みです」

5．上司のキャリアに関心を示す

自分の有能さを上司に伝えたら、次の一手は、あなたが有益な存在であると認識させることだ。そのためには上司が何を求めているかを掴んでおく必要がある。仮に上司自身がそう自覚していなくともだ。時間をかけて上司を観察するのももちろん構わないが、上司の考え方を理解できるような質問を投げかけて手早くことを進めるほうが賢いやり方だろう。あなたに関心を持たれて上司が気を良くするかもしれないというおまけまで付く。

インターネットや人づての話、上司の秘書の話から、上司の経歴を探ろう。ランチ中や社外ミーティングなど、いいタイミングがあれば、経歴に対する好奇心を示す。

たいていの人は自分について話すのが好きというのは差し引いても、上司はもらった質問を有益と捉える。なぜなら、自分の意思決定の裏にある論理や思考を語る良い機会となるからだ。


〈実践例〉

「オンライン講座でこの業界について学んでいるのですが、〇〇さん（上司）は△△（イベント名）で講演されたそうですね。どんな反応があったか、教えていただけますか？」

「秘書の方から、〇〇さんが△△社で働かれていたと伺いました。そちらでの経験でためになったことはありますか？」

「〇〇さんは△△業界で働かれていたと聞きました。この業界と比べて販売戦略は何が大きく違うのでしょうか？」

6．共通の関心事を持つ

どれだけ大変なときにもあなたのためを思い、面倒を見てくれる上司がいたら幸せだ。上司があなたを、有能なだけでなく気が合う部下だと思っていたら、こうした保護の意識が育まれる。

したがって上司との関係を良くしたければ、上司が興味を持つものに興味（できれば熱意も）を持ってみるのはどうだろう。仕事の話にスムーズに繋げられる興味や活動ならなおさらいい。

たとえば上司がゴルフをしながら仕事の話をするのが好きなら、ゴルフを教わってみる。上司がSF小説好きなら、おすすめの作品を聞いて読んでみる。考えてみれば、ほかの人間関係では同じようなことをしているはずだ。上司にもそうすればいい。

目的はあくまで、ベタベタとまとわりつく気持ちの悪い人やごまをする人にならずに、上司と仲良くなることだ。仲が深まると、上司も人間であること、行動の裏にある考え方をあなたに理解してほしいと心から思っていることを、再確認できるだろう。

まとめ｜望みどおりに上司を動かすには

○あなたが活躍するために
必要なものを伝える

○進捗をまめに報告する

○有益な仕事をしていると
具体的に示す

○あなたの貢献ぶりを幅広く広める

○上司の目標や要望を理解する

○共通の関心事を見つけ、
共に楽しむ

人事評価を有効活用する

人事評価とは学生でいうところの成績表で、つまり、もう何もできない段階で自分への評価を知る手段だと、ほとんどの人が思っている。考えが甘い。人事評価とは成績表ではなく、あなたが望むものを手に入れるためのツール。「評価」の部分を正しく活用すれば（これからその方法を教える）、人事評価制度は強力な後ろ盾にも、勝利をものにした後のウイニング・ランにもなる。うまくできたら、次の面談では今後の希望を伝え、キャリアアップに繋がる約束をしてもらおう。

1．評価と報酬の仕組みを聞く

上司が代わったら必ず、またはこれを読んだら必ず、できるだけ早いうちに上司に一対一の面談の機会をもらう。そして次を尋ねる。

1　次年度に私に求められていることは何ですか？
2　それを達成したかをどのように測定しますか？
3　その測定基準に達した場合、報酬に何を得られますか？

目的は、３つのポイントすべてに関してできるだけ具体的な回答を得ることだ。この話をしないことには、人事評価は納得のいかない結果に終わるかもしれない。自分に求められていることと得られる報酬を単に推測して取り組んだにすぎないからだ。上司があなたに約束をするときにどのような表現を用いたかを注意深く聞いておく。上司が「これをすれば昇進させる」（めったにないが）と言ったか、「これをすれば昇進**できるかもしれない**」と言ったかは大きな違いだ。約束に曖昧な表現が使われたらすかさず、曖昧さを解消できそうな質問をする。例を挙げよう。

上司　「8月までにプロジェクトAを完了させれば、昇進の候補になるぞ」
あなた「完了できた場合、昇進の可能性は10を確実として1から10で表すと、いくつですか？」

上司が具体的に答えられない、または答えない場合、その約束は意味をなさないと思ったほうがいい。ビジネスでいう約束とは、測定可能な条件が伴う言質（げんち）のみを指す。

面談での会話は詳しくメモに残す。面談後に上司宛てのメールで、親身になってもらったことへの礼と双方の果たすべき具体的な約束を記す。会話を記録に残さなければ、次の人事評価で測定方法に変更を加えられたり、約束を忘れられたりする可能性は高い。

2．定期的に達成度と指標に照らし合わせる

「約束内容」のメールをもとにした報告メールを、定期的に上司に送る。内容は、現時点でどこまで完了し、

測定基準のどこまで満たしたかの記録だ。

定期報告を必ず行おうとすると、業務に取り組むときには小さな問題よりも、合意した指標を越えられたかを絶えず意識せざるを得なくなる。また上司側は、定期報告があると、経営状況の変化にともない指標に変更が出るか、その場合どう変更されるかを明確に伝えざるを得なくなる。

もし業務内容や指標に変更を加えられた場合は、再度一対一の面談を行う。表向きには新しい業務内容と指標について話し合うためだが、すでに達成した業務の報酬を望んでいる旨を上司に伝えるのが真の目的だ。約束を守りたくないがために部下の指標に変更を加える上司もいるので、これは重要な一手だ。たとえば営業部長が、あなたにノルマを達成したらボーナスを与えると約束したのに、達成しそうになるとノルマを引き上げるといったケースだ。

〈実践例1〉

上司「使えるコードをいくつ書いたかではなく、会社の収益に従って評価することになった」

あなた「新しい指標についてはわかりますが、私はお互いで決めた指標を上回る成果を9か月間で出しました。ですから会社の収益に関係なく報酬をもらえると思っています」

〈実践例2〉

上司「販売ノルマを変更するわ。昨年度比50％増が新しいノルマよ」

あなた「達成できるよう全力を尽くします！　ただ、以前のノルマは越えているのでボーナスはもらえるものと思っています」

3. 下書きを作成するか、「参考情報」を提供する

ほとんどの上司は人事評価の作成作業を嫌うが、あなたの定期報告のおかげで多少楽になったはずだ。あとはその肩の重荷を代わりに背負いますとあなたが申し出るだけ。普通の上司なら大喜びであなたに下書きを依頼するだろう。渋る上司がいたとしても気にせず作成し、人事評価用の「参考情報」として上司に送る。要は下書きと同じだ。この下書き（または「参考情報」）を作成するなら、定期報告と同様に、指標をどの程度満たす成果を出したかの事実をしっかりと書く。ただし、仕事を「最高の出来」などと自画自賛しないこと。その部分は上司に任せよう。

下書きを提出する際に、ステップ1で上司に送った約束内容の確認メールも添付する。そうすれば十分な成果をあげたことだけでなく、約束内容を覚えていることも併せて伝えられる。

4. 「不意打ち」されたら譲歩案を引き出す

こうして土台を築けば、正当な人事評価をもらえるはずだ。称賛の言葉をもらい、約束の報酬を手にできるだろう。しかし、ここまでしても、不意打ちを食らう可能性はまだある。たとえば……、

・「最近会社が昇給を凍結したので、きみの昇給もなしだ」
・「あなたは○○（そこで初めて指示する業務）をしなかったので、そのハワイの貿易会議には行かせられません」

・「○○（社内の政治的な理由）のため、昇進は保留になったわ」

土台づくりをしていなければ、右のように言われたら「ああ、そうですか」と返すしかない。しかし土台を築いていたならば、言質に背いた上司に**貸し**をつくったことになる。

あなたが期待以上の働きをした事実と、その場合の報酬について上司が具体的な約束をした事実を、できる限り穏やかにもう一度伝える。そして上司はどう対応するつもりかを次のように尋ねる。

・「昇給凍結はわかりました。ですが、例外的な対処の可能性はありませんか？」
・「その目標については初耳なので、達成を期待されていたことに正直困惑しています。もしハワイに送っていただけないなら、年初に設定した指標を超えた点ではほかにどんな報酬がもらえますか？」
・「それはたしかに難しい問題ですね。○○さん（上司）の権限では昇進が難しいなら、できる範囲で何かしてもらえることはありますか？　昇進の代わりに、今年度に一週間追加の有休をもらうというのはどうですか？」

何らかの譲歩なしに上司に約束を**破られない**ように。気をつけないと、上司は約束をどうにかすり抜けてしまうだろう。人事評価の最後に、次年度に向けてステップ1と同じ会話をする。話した内容を記録すること。

まとめ｜人事評価を有効活用する

○達成すべき任務を確認し、
話し合った内容を記録する

○指標に対する達成度を記録し、
報告する

○人事評価の下書きを書くか、
「参考資料」を作成する

○上司が約束を守る気がないなら、
代わりの報酬を要求する

給与アップを交渉する

秘訣④では、人事評価を利用して上司から譲歩を引き出す方法に触れたが、評価時期外に給与アップを交渉する際にも同じ技が使える。説明しよう。

1．会社の昇給の仕組みを理解する

会社は従業員の給料を経費と見ているため、給与アップの要求とはつまり、会社の利益や資金、借入金を優先的に自分に費やす要求だ。

経営陣からすれば、あなたの昇給はあなたの命に関わるものでも、あなたが手に入れて当然のものでもなく、最優先ではない。給与も昇給も、あなたを別の人に置き換えたらいくらかかるか、が基準だ。

代わりの従業員を雇うコストのほうがあなたの給与よりも高くつく場合は、給与アップの要望がかなうこともそれなりに期待できる。そうでない場合は給与アップは難しい。実に単純だ。

2．自分の価値を知る

給与アップを要求するとは、代わりの人を雇うコストとあなたの昇給コストとを上司に比べさせるということだ。あなたの代わりを得るのにいくらかかるかを意識させるのは、あなたにとってもプラスだ。次の5種類のコストが関わってくる。

1 給与コスト

もしあなたの給与額が同じ地域の同じ職種の平均給与額よりも低い場合、上司は給与アップを考えざるを得ないだろう。

2 採用コスト

就職してもらえるかは別として、特定のスキルを持つ候補者を見つけ、面接を行い、人材を選出する作業には時間と費用がかかる。上司が採用エージェントを使うなら、外注費用も必要となる。

3 研修コスト

候補者には期待できない専門スキルや専門知識をあなたが持っている場合、代わりに入れる従業員のために研修を行わなければならない。

4 付帯的損害コスト

同僚や顧客があなたの存在に価値を感じている場合、あなたがいなくなると会社はその同僚と顧客をも失う可能性がある（結果としてそちらも代わりを探すはめになる）。

5 機会の損失コスト

あなたがより良い会社に転職した場合、これまであなたが担当していた業務が完了されない期間が発生する。業務内容にもよるが、これは生産性と収益の損失に繋がりうる。

このようなコストは、あなたが本当に職場を去ろうとしない限り意識すらされない。だからこそ常に転職を視野に入れておく必要がある（**秘訣㉒「キャリアの安定を得るには」**参照⬇158ページ）。

3．下準備をする

自分の価値がわかったら、次は給与アップについて生産的な話ができ、妥当性を説明できるよう、下準備をする。

まずはシンプルに、給与額から考えよう。職種ごとに経験や地域による給与額の幅を掲載したウェブサイトがいくつもある。そのなかにあなたの職と一致する項目があり、その平均給与額よりもあなたの給与額が低い場合、加えてあなたが少なくとも一般的な業務をこなせている場合、当然、給与アップの要求は理にかなっている。だが、そう単純でもないのだ。

もしあなたが平均以上に仕事ができるとして、では平均と比べてどの程度よくできるのかは（上司の）個人的な判断による。つまり、あなたがひときわ優れていることを証明する必要が出てくる（これについては後で述べる）。

また、あなたが職場で独自の立ち位置を築いている（**秘訣㉔「理想の仕事を見つけるには」**参照⬇170ページ）、または販売と技術サポートの両方など2種類以上の業務をこなしている場合は、ウェブサイトに示されている給与額の幅は妥当ではない可能性がある。

たとえば私は駆け出しの頃、コンピューター操作マニュアルの作成のみならず、マニュアル作成に使うシステムの設計も担当していた。この場合、私は独自の職務を持っていることになり、普通の技術ライターを対象にした平均給与額はあてにならない（実は数年間、数十%の増給を要求し、希望額をもらっていた）。もしあなたの業務に一致するカテゴリーがあり、正当な賃金を受け取っていないことが明らかとなれば、そのサイトのURLを参考資料として上司に送ろう。安心していい、上司はあなたの言いたいことを理解するはずだ。上司とちょっとした会話をする機会に（給与アップを要求するよりずっと前に）、「人事管理の専門家によれば、社員を1人置き換えるには、社員1人分の年収の2〜3倍の費用がかかるらしいですね」などと話しておくのもいい。そうすればこの事実に加えてあなたがこれを**知っている**ことも上司に伝わるため、あなたにとってさらに有利に働く。

次に、いまの会社に就職して以来受けてきた研修や実務訓練などの一覧をつくり、次のようなメールを上司の○○氏宛てに書く。

「振り返ってみると、これだけ多くのことをこの会社で学んできました（一覧をご覧ください）。投資してくださった○○さんと会社に感謝しています」

このメールは適切な内容ながら（感謝しているのは事実だろう?）、代わりの人材を訓練するにはどれほど費用が必要かを巧みに示唆してもいる。

最後の下準備は、顧客や同僚があなたの仕事ぶりを褒めてくれたときに、称賛のメールを送ってもらおう。たとえば別の部門の同僚からお礼の電話を受けたとする。お礼に対しこう答えてみよう。

「いいえ、どういたしまして！　もしよかったら、私がどのくらいお役に立てたか、私の上司にメールで伝えてもらえますか？　私をCCに入れてぜひお願いします！」

できれば、称賛メールにはいかに素晴らしい仕事をしたかをはっきり書いてもらい、あなたが転職すると顧客や同僚から不満が出るかもしれないと、それとなくほのめかしてもらおう。

4．証拠資料を集める

「今後について話し合う」と理由を付けて上司と面談の約束を取り付ける。面談の前に、会社の好業績にあなたが貢献できた点をリストアップしておく。あなたの行動内容ではなく、行動の結果を書き連ねること。

〈**悪い例**〉

・A社向け提案チームに協力した。

・顧客情報要求に対応した。

〈**良い例**〉

・A社向けの提案書用に仕様書を提供し、結果として100万ドルの売上に繋がった。

・全社的な顧客満足度を25％増加させた。

できればこのリストの補足として称賛のメールがあると理想的だ。たとえば1つ目の例では、提案チームのリーダーからあなたの働きを称えるメールをもらい、顧客の購入決断にあなたの助けが不可欠だったと示せるといい。完成したリストは2部印刷する。インターネットで見つけた平均給与額の情報が有用であれば、それも2部印刷し、参照してほしい部分をハイライトする。これで給与アップを要求する準備が整った。

5. 証拠を添えて主張する

面談が始まったら、こう切り出して自分のペースに引き込む。「会社にとっての私の価値といただいている給与額に不一致があると認識しています。それについてお話しさせてください」。

この話題を切り出された上司は、まず大喜びはしないだろう。だが、あなたがこれまでに下準備をしてきたのなら（ステップ3）、上司も予感はしているはずだ。次のように言って話を遮ろうとするかもしれない。

・「全社的な方針として今年は昇給は無理だ」
・「人事評価のタイミングでしか昇給については話せない」
・「いまは昇給はできない」

これにはこう返そう。「昇給については何も申し上げていません。私は会社にとっての自分の価値ともらっている報酬との乖離（かいり）について話したいのです」。

集めた証拠資料を1部手渡し、一緒に目を通す。下準備が済んでいるなら、あなたの主張には一理ある、たしかに乖離がある、と上司が認める可能性は高い。そうなったら次は飛ばしてステップ7に進む。

6. 異論に返答する

上司があなたの貢献度に異論を唱えたら、口論を始めても異論を認めてもいけない。上司の言い分に同意しつつ自分の主張を再度強調する形で返答する。

〈例1〉

上司「A社向けの提案書にきみがそれほど大きな貢献をしたとは思えないのだが」

〈**悪い返答の例**〉

あなた「何と言われようと、私は貢献できたと思います」

〈**良い返答の例**〉

あなた「そう思われるのはわかります。ただ、A社製造部長からのメールにもあるとおり、大きな貢献をできたことは明らかです」

〈例2〉

上司「あなたの教育には大きなコストがかかったのよ。感謝してもらわないと」

〈**悪い返答の例**〉

あなた「すべて習得するのには骨が折れました。その努力に対する報酬を与えられるべきです」

〈**良い返答の例**〉

あなた「はい。その教育のおかげで会社にいっそう貢献し、自分の価値を高められたと感謝しています。ただその結果、価値と報酬の乖離も生じています」

〈例3〉

上司「そのくらいの働きを全社員に求めていますよ」

〈悪い返答の例〉

あなた「ええ、でも私が最も優秀なんですから、給与を上げてもらうべきでしょう」

〈良い返答の例〉

あなた「私の成果を優秀と評価していただき光栄です。私も同じことを自負しています」

忘れないでほしいのは、目的はあくまで現在の給与額とあなたの価値との間に乖離があると上司に認めてもらうことだ。上司からの異論に回答できたら、次にこう尋ねてみよう。

あなた「これで、会社にとっての私の価値からすると給与アップが妥当だと、立証できたでしょうか?」

上司がもしノーと答えたら、話し合いはここで終了だ。あなたが何をして何を言おうと、この上司からは給与アップの承諾は得られないと判断しよう。残念だが、少なくともそれを知ることができた。

上司がイエスまたは多分(「立証されたがこの会話の向かう先を望まない」という意味)と答えたら、最後のステップに進もう。

7．ごまかす余地を与えない

あなたが給与アップに値すると立証できたら、上司に「具体的にはどうなりますか？」と尋ねよう。すぐに確約を得られる（「10％昇給しよう」）かもしれないし、ごまかされたり話題を変えられたりするかもしれない。上司が何を言おうと、あなたが優位に立っている間は確約に向かって突き進む。

〈例1〉

上司「何ができるか考えてみよう」

あなた「具体的にはどうなりますか？」

〈例2〉

上司「全社で昇給が凍結しているからきみの昇給はできない」

あなた「例外措置もあるかと思います。私が妥当な報酬を受け取るのに、どのような手がありますか？」

〈例3〉

上司「プロジェクトXYZを引き受けてくれたら昇給するよ」

あなた「今後のプロジェクト参加の話は光栄ですが、私の価値に見合う報酬をもらっていないのはすでに証明しました。それについてはどうなりますか？」

重要なポイント：会社にとってのあなたの価値と給与額に乖離があるといったん認めてもらえたのであれば、あとは数字を伴う確約を結ぶまで上司を逃さないようにすること。

まとめ｜給与アップを要求する

○あなたが給与をいくら必要とし、希望し、期待しているかは誰も気にしていない

○給与額は、あなたが会社の業績にどの程度貢献したかに依存する

○あなたの代わりを雇うにはいくらかかるかを上司に理解させる

○主張を裏付ける情報を集める

○あなたの価値と給与額の乖離を立証する

○反論を受けたら自分の主張を強調しつつ返答する

○数字を伴う確約を得るまで押し続ける

理不尽な要求を切り抜けるには

たとえどんなに素晴らしい上司でも、ときに理不尽なことを言う。あなたの職務範囲外の仕事や多すぎる残業を命じられたときに適切な対応をとれるよう、常に準備しておく必要がある。

1．本当に理不尽な要求かどうかを見極める

固定給で働く人が最も受けがちな理不尽な要求とは、週40時間を越える労働を日常的に求められることだ。また、自分の職務範囲よりも「下位」の業務を割り当てられること、たとえば技術サポートとして雇われているにもかかわらずデータ入力を指示されることも、よくある理不尽な要求である。

上司の個人的な頼みごとへの対応を求められるケースもある。私が最近目にした例では、あるマネージャーがプライベートで開くパーティーの配膳役を部下に命じたそうだ。

あなたにとって何が理不尽かを決めるのは**あなた**だ。しかし覚えておいてほしいのは、いま線引きをしておかなければ、もとは理不尽な要求だったことが暗黙の了解としてあなたの業務範囲に含まれてしまう。そうなれば次の似たような要求を断るのはいっそう難しくなる。

要求が本当に許せる範疇（はんちゅう）を超えていると判断したら、ステップ3に移る。グレーゾーンならステップ2へ。

特例として、もし上司の要求が実は違法なものであるなら、弁護士に連絡をとり、脱出計画（**秘訣㉒「キャリアの安定を得るには」**参照⬇158ページ）を実行に移す。

2. 要求内容に見合う報酬を考える

上司が頼みごとの見返りを何かで返そうとしてくるタイプなら、理不尽な要求を利用できるかもしれない。たとえばあなたがサービス残業した分を有休としてこっそり返してくれたことがあるなら、今回も取引が成立する可能性は高い。

取引成立が見込める場合、上司からの要求を引き受けた際に必要となる時間と労力を見積もる。これに基づき、あなたのキャリアアップに繋がる、または生活を豊かにする何かを要求内容と釣り合う見返りとして提案する。たとえばこうだ。「この冬タヒチであるユーザーグループ会議に行かせてもらえるなら、パーティーの配膳役を喜んで引き受けます」。

ここで大切なのは、あなたが先手を打つことだ。多少思い切った見返りを要求することで、上司もあなたが馬鹿ではないと悟る。これで今後の理不尽な要求を最低限に抑えられるだろう。

3. やむをえない場合はきっぱりと断る

断り方には正しい方法と間違った方法がある。

間違った断り方は、言い訳を使うことだ。たとえば、「ぜひ今週末に作業したいのですが、育児放棄で逮捕されかねないので」。これは簡単な解決策のように思えるが、同じ理不尽な要求が後に少しだけ形を変えて再び現れるだけだ（「じゃあ昼休みに作業するのは？」など）。

より良い断り方は、理不尽な要求を含めた選択肢を提示して、上司に優先順位を吟味させることだ。「もしAをやり遂げるとなると、Bはできなくなります。どちらを優先しましょうか？」など。

上司が食い下がるなら、よりストレートに伝える必要がある。「いいえ、それはできません。なぜなら、○○○（あなたにとっても、できれば上司にとっても筋の通った理由）だからです」と。私のキャリア初期の実例を紹介する。

上司「この手書きメモをタイプしてもらえる？」

私「私はタイピストではなくライターとして雇われているので、引き受けられません」

この応じ方は「態度が悪い」と受け取られ、上司の気分を害して、もしかするとあなたの今後にとって不利になるかもしれない。だからこそ、転職先の選択肢は常に持っておくこと。

上司に向かってここまでストレートな物言いをするのは難しいと感じるかもしれないが、断ることはごく一般的なスキルだ。経験を積むほど簡単にできるようになる。

まとめ｜理不尽な要求を切り抜けるには

○理不尽かどうかの判断は柔軟に

○要求を受け入れるなら、
見返りを得られるようにする

○断る勇気を持つ

怒鳴りちらす上司に対処する

怒りを抑えきれずに部下に向かって怒鳴りちらす上司もいる。あなたの上司がこのマネジメント「テクニック」を使うタイプの場合、早めに手を打ったほうがいい。そうしなければ上司の癖は繰り返され、あなたは職場で日々恐々と過ごすハメになる。

1. 行為の異常性に気付く

部下に向かって怒鳴る上司を見て、不快ではあるがよくあることだと受け入れてしまう部下がいるが、それは間違っている。どんな状況だろうと、どれほど上司がピリピリしていようと、誰もが礼儀と敬意をもって扱われる権利を持つ。職場で周りに怒りやいらだちをぶちまけるのは、大人げないわがままな行為だ。自分の恐怖や不安を鎮めるために周囲の人々をサンドバッグにしている。怒鳴りちらすのは**虐待行為**だ。

2. なだめない

怒鳴りちらす上司を目の当たりにした部下が最初に取りがちな行動といえば、仰天して上司を見つめ、謝ってどうにか落ち着かせようとすることだ。謝るべき理由などなかったとしても。怒りをぶちまける人をなだめようとするのは、その行為を許容できる、それも進んで受け入れようとしていると相手に伝えることになる。代わりに次の行動を取ろう。

3. 口調を強くする

怒鳴りちらす上司は、まるで犬のように恐怖心を嗅ぎつける。そして犬と同様、相手にうなり返されると怯(ひる)む傾向がある。争いを激化させないためにはわめいて応戦してはいけない。上司と同じくらい強い表情と目線で淡々と話す。

こう考えてほしい。その上司も含め、誰もが求めているのは人との関わり合い。ここで相手が自分の話を聞いてくれているという感覚である。だが、あなたが怖じ気づいていては、上司ときちんと関わり合うことはできない。だから相手を見つめ返し、力強い声で話せるようにする。

4. 反撃する

上司の怒りの原因となった問題に取り組む意思はあるが、虐待に耐えるつもりはないと、上司に伝える。良識ある態度で接してもらうことを上司含むすべての人に望んでいる旨を、遠回しでなく、はっきりと述べる。相手の反応を待とう。10人中9人がここで引き下がるはずだ。分別のある人なら、怒りを爆発させたことを悔いており、落ち着きを取り戻すチャンスを喜んで受け入れるからだ。

5．虐待が続く場合は、その場を去る

それでも時折、このタイプの上司は強い負の感情に我を忘れるあまり、怒鳴りちらすのを止められない。その場合は、しかるべき敬意をもって接してもらえるときが来たら喜んでその問題について議論したいです、と伝えよう。そして即座にその場を離れるか、電話の場合は受話器を置く。そうすることで虐待を阻止するだけでなく、上司に教訓を与え、これ以上上司自身の威厳が傷つかぬよう守ることもできる。

6．その状況から距離を取る

もし上司が引き下がらず、あなたが立ち去るか電話を切るかするハメになった場合、間違いなくあなたも動揺し怒りを感じているはずだ。後悔するようなことを言ってしまわないためにも、いまはできる限り職場の人とは話したり、接したりしないでおく。どこかひとりになれる場所に行き、自分によく効く方法で自分の感情に対処する。友人や家族に電話をかけていらだちを吐き出したり、精神的に支えてもらったりするのもいい。

7．上司が落ち着いた後に、問題について話し合う

良識ある対応をあなたが求め、それがかなえられたら、ここではじめて上司をそこまで怒らせた問題に向き合おう。上司（前より穏やかになったと信じたい）と話を始める際に、あなたがその問題の解決にしっかりと取り組むつもりだと伝えること。

また、前向きに、大人の節度をもって振る舞おう。上司に精神力と自己認識が欠けているのは辛いことだ

が、話し合いの目的は仕事上の問題に向き合うことで、上司に愚かな行為を反省させることではない。

8. 関係を見直す

これが難しいところだ。「今回の上司の行為は一度きりのことか、それとも繰り返されるのか」と考えてみよう。もし上司が普段は怒鳴りちらすことがないなら、成り行きに任せる。上司も人間だ。自制が効かないときだってある。

しかし、その酷い行為が習慣的である場合、いまこそあなたの脱出計画（**秘訣㉒**「**キャリアの安定を得るには**」参照⬇158ページ）を実行に移すときだ。

まとめ｜怒鳴りちらす上司に対処する

◯上司をなだめようとしたり謝ったりしない

◯敬意をもった社会人としての振る舞いを求める

◯大人げのない行為が続く場合は、その場から離れる

◯ひとりになって自分の感情を落ち着かせる

◯日を置いて問題について再度触れる

◯関係継続に価値があるかを判断する

PART II

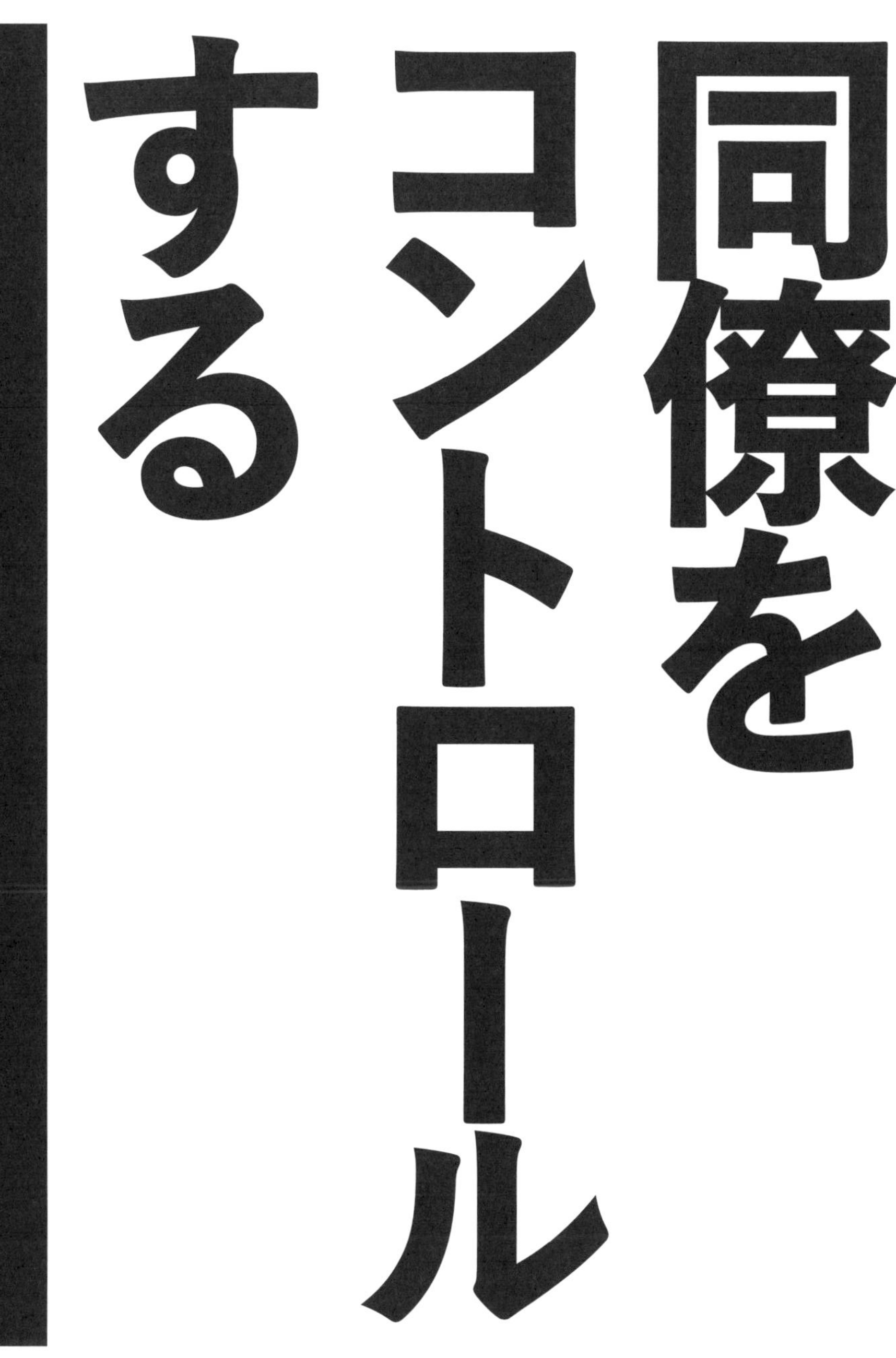

同僚をコントロールする

同僚との関係も上司との関係に劣らず重要だ。何しろ、上司よりもずっと頻繁に顔を合わせ、あなたの業務に必要な存在で、同僚の日々の行動があなたの働き方にも大きく影響するのだから。

上司との関係のコントロールと同じく、同僚との関係のコントロールも大切だ。同僚がより大きな成果を収められるよう支援し、自分も支援してもらおう。PARTⅡで同僚をより深く理解すれば、共通の目標達成に向けて協力しあえるようになるだろう。なお、あまり助けになるとは言えない同僚への対処法も伝授する。内容は次のとおりだ。

◎**秘訣⑧**「**同僚からの尊敬を得る**」では、貢献度の高い価値ある人材でチームに不可欠だ、と同僚に思わせるためには日頃から何ができるか、何をすべきかを説明する（⬇74ページ）。

◎**秘訣⑨**「**公明正大な社内政治**」では、同僚と互いに助け合うためのシンプルな取引モデルを示す。全員の成果アップに繋がる取引を行うことがポイントだ（⬇80ページ）。

◎**秘訣⑩**「**メンターを見つける**」は、あなたのキャリアに個人的な関心を持ち、複雑な業務をうまく切り抜ける手助けをしてくれる同僚（基本的には上司以外）を探す手引きだ（⬇86ページ）。

◎**秘訣⑪**「**迷惑な同僚10タイプ**」では、遅かれ早かれ遭遇するであろう10タイプについて説明し、各タイプの不可解かつ驚きの行動パターンに対処する術を伝授する（⬇90ページ）。

◎**秘訣⑫「企業弁護士とうまく付き合う」**では、ビジネスのスムーズな流れを「台無しにする」癖を持つ弁護士と共に働くという特殊なケースを扱う。このような弁護士に業務妨害を許さず、むしろ有効活用する方法を教えよう（⬇98ページ）。

◎**秘訣⑬「ソーシャルメディアの活用法」**では、オンラインで自分をどのように売り込むと、あなたについて、またあなたが成し遂げたいことについて同僚や仕事の関係者に理解してもらえるかを説明する（⬇102ページ）。

◎**秘訣⑭「会議で頭角をあらわすには」**では、キャリアアップの役に立たない会議を回避する方法と、参加すると決めた会議や参加せざるをえない会議で良い印象を残す方法を伝授する（⬇108ページ）。

同僚からの尊敬を得る

世間一般のイメージはどうあれ、肩書きや身分で他人からの尊敬は得られない。どのような組織に所属し、どのような役割で雇われたとしても有効な、職場で尊敬を集める方法が６つある。

1. 役割に流されず、自分自身でいる

周囲からの尊敬を集めるにはイメージづくりが欠かせないと信じている人がいる。たとえば、上司には貫禄がなければならない、営業員は早口で話さねばならない、技術者はオタクでなければならない、などというふうに。

しかし、自分にとって不自然な役割を演じるよりも、自分**本来の**姿でいたほうが尊敬は集まってくるものだ。人間には偽者を検知する力が備わっていて、偽りの姿を演じる人を、信頼できない不安定な人、さらには重要でない人とみなすからだ。

また、人間は外から見た印象**そのまま**の中身を持つ人に惹かれる。よって自分自身であること、それも誰よりも自分が気に入る姿でいることが、尊敬を集めるための大前提である。

2. 他人に好奇心を示す

他人に対する好奇心を持っている人は、他人が言うことに耳を傾け、一生懸命に話を聞く。話を真剣に聞いてもらっていると認識した相手は、仕事や夢、恐怖、目標など、本人にとって大切なことを話してくれるだろう。

そうして得た情報は、より良い仕事ができるよう視野を広げてくれるうえ、どうすればその相手を支えられるかを教えてくれる。これが最も重要だ。なぜなら、他人に多く手を貸せる人ほど周囲からの尊敬を集めるからだ。

もっと広い意味で言えば、他人への好奇心があると、どんな業務もやりやすくなる。他人を理解できる上司はより楽に部下を管理でき、営業員ならより楽に顧客ニーズを見つけられ、技術者ならより多くの人が使いたがる製品を開発できるだろう。

3. 認めるべき功績を認める

ソーシャルメディアに投稿してアピールしたくなるような、何かを自慢したい気持ちは誰のなかにも湧くものだ。しかし同僚から尊敬されたいなら、自慢は最小限にとどめよう。

仕事の成果とは、基本的にチームで成し遂げたものだ。あなたの業務遂行に手を貸してくれた人をおおっぴらに称賛すると、称賛された人も周りの人も、次の機会にあなたを手助けしてくれる可能性がぐっと高まるだろう。

他人の功績を認めるとはつまり、その人への敬意を示す行為である。これが巡り巡ってあなたにも返ってくるだろう。

4. 仕事の場に合った格好をする

正しいかどうかは別にして、まずはあなたの外見を見て、あなたがどんな人かを判断する。初めてあなたに会う人は、あなたの服装、時計、アクセサリー、ブリーフケース、メイク、体つき、表情など、あらゆる部分を情報として受け取る。

したがって、頭からつま先までの「包装（パッケージ）」が、周りの人からどう見えるかを考えるに越したことはない。一緒に仕事をしたいと思える人物だということを視覚信号にして伝えられるように、意識しよう。

もともとファッションに疎い人が外見を磨き上げる秘策は、同僚から意見をもらうことだ。いっそ上司からでもいい。もし問題点が見つかったら、あなたがこう見せたいと願う見た目になるまで改善を重ねていこう。

つまり、服に金をかけろということになるだろうか？

仕事の性質的にそれが求められているなら、そうすべきだ。ファッションにかける金銭的余裕がないなら、洋服代を投資の最優先事項に挙げておこう。

5. 口を開く前に考える

お喋りな人や口の軽い人はまず尊敬されない。だから口を開く前に一呼吸おいて考えをまとめ、どうすれば最もよく伝わるかを考えよう。

いったん待つことを心がけると、中途半端な考えを中途半端に発さずにすむだけでなく、思慮深く賢い人というイメージを周囲に与えられる。

また、誰かの発言に対して返事をするタイミングで待つと、相手の話を消化するために時間をとったようにも見せられる。話す前に考える時間をとると、うわさ話を広めたり後に後悔することを口走ったりすることもなくなるだろう。

エイブラハム・リンカーンはこう述べたではないか。

「すべての疑念を取り払おうと喋りつづけるより、一言も発することなく愚か者だと思われたほうがいい」

6. 重みのある話し方をする

人は不安になると声がうわずる傾向があり、すると音が鼻から抜けて、深い知恵でさえもかん高い声で泣き言を言っているかのように聞こえてしまう。お腹(なか)から声を発すると自信が伝わり、自分でも自信を感じられ、威厳も加わる。

同様に、文の途中に「あー……」、「えっと……」、「つまり……」などの口癖を挟んだり、疑問形のように語尾を上げたりすると、自信がなく曖昧な物言いになる。話の内容に自信があるように話せると、聞き手からの尊敬を集めやすい。

話し方の悪い癖があまりに根深く、自覚すらできない場合もある。自分の話を録音して、実際にどう聞こえているかを確認しよう。自分にも他人にも自信が伝わる話し方ができるようになるまで、ひたすら練習あるのみ。

まとめ｜同僚からの尊敬を得る

○役割を演じるのではなく
自分自身でいる

○他人への興味を示す

○脚光は常に仲間と浴びる

○目指す姿にかなった服装と
身なりを整える

○口を開く前にいったん待って
考えをまとめる

○胸の辺りから発声し、口癖を
挟んだり語尾を上げたりしない

秘訣9 公明正大な社内政治

社内政治はビジネスには悪影響だと考える人は多い。だが、これほど間違った思い込みはない。社内政治は、ＣＥＯにとっても営業員や夏休み中のインターン生にとっても、何かを成し遂げるために必要不可欠な要素だ。

政治（politics）という単語は、「人民の／人民のための／人民に関する」という意味を持つギリシャ語「politikos」を語源とする。つまり政治は好ましくない何かではなく、人々を動かすための理論と実践にほかならない。

ここでは、いんちきや欺瞞（ビジネスに**悪影響**を及ぼす卑劣な行いのこと／**秘訣㊸「卑劣な社内政治を阻止する」**参照➡３０２ページ）に頼らない社内政治のアプローチを、４ステップに分けて説明する。

1．ニーズを見つけて理解する

複数のメンバーのニーズのバランスを取り、皆が協力しあって意思決定できるようにするという要素が社内政治にはある。人間が仕事に対して持つニーズは、基本的には次の４種類に分けられる。

1 個人のニーズ

個々の性格を反映するものであり、その人が仕事の経験から何を得ようとし、何を期待しているかを指す。たとえば承認、報酬、やりがい、面白さなど。

2 キャリアのニーズ

さまざまな職や会社を通して自分のニーズを満たしたいという、それぞれの計画から成る。個人のニーズをもとにキャリアのニーズが生まれる。たとえば、脚光を浴びたいというニーズは個人のニーズであり、脚光を浴びるためにプログラマー主任になりたいというニーズがキャリアのニーズだ。

3 職務のニーズ

キャリアのニーズと個人のニーズを満たすために必要となるリソースだ。たとえば「プログラマー主任」という任務を遂行するには、自分の下に付くプログラマーたちが必要になる。

4 組織のニーズ

ひとつの組織内で各メンバーが持つ職務のニーズの集合体。たとえばプログラマー主任とプログラマーたちが働くには、組織としてはプログラミング用の新しいコンピューターやソフトウェアが必要となるなど。

自分のニーズ4種類と同僚のニーズを理解できたら、社内政治の準備は整った。

2. 協力関係を築く

社内政治とは、相手のニーズを満たす手助けをする代わりに、相手にもこちらのニーズを満たす手助けをしてもらう取引である。

たとえば、プログラマー主任になりたい同僚がいて、あなたは品質管理マネージャーになりたい場合、「私が品質管理マネージャーになれるよう協力してくれるなら、きみがプログラマー主任になれるよう協力するよ」と、その同僚に伝えてみてはどうだろう。この協力関係をうまくいかせるカギは、次の3つだ。

（1）自分が何を求めているかをはっきりさせる
（2）相手が何を求めているかをはっきりさせる
（3）共に実現しようと合意する

ただし、協力関係を築く際には注意も必要だ。原則として、取引の約束を守ってくれる、かつ主任になったら会社のためにもなる同僚を相手に選ぼう。たとえば、どう見ても使えない人間を技術部長に昇進させるような取引はしたくないだろう。少なくとも会社の成功を願うのであれば。

しかし、いろいろと考慮しても、ジャックが昇進するかジルが昇進するかに大きな差がない場合、ジルのほうがあなたのニーズをかなえてくれそうという理由で、ジルを選んでいい（ジルが役職に適任であれば、もう言うこと無しだ)。

3. 頼みごとと貸し借りを常に把握する

協力関係のほかに、もう少し気軽な交換条件も社内政治のうちだ。これも考え方は単純だ。誰かの頼みを聞いてやり、後日、その人に何か頼みごとをして「恩返し」してもらう。当然、その逆もある。したがって、誰にどの程度借りがあり、誰にどの程度貸しがあるかをしっかりと把握していることが重要となる。

借りを把握しておくと、誰から頼みごとが来るかを予想しやすくなる。貸しを把握しておくと、あなたの目標達成に政治の力が必要となった際に、使える手があるかどうかを考えられる。頼みごとの交換が協力関係の強化にうってつけであることは言うまでもないだろう。過去に発生した貸し借りと次の貸し借りとのバランスを取るための交渉もときに必要だ。ひとりひとりが頭の中で貸し借りを勘定するため、相手の計算と食い違うこともあると注意すること。

4. 準備を整える

ここまでのあなたの努力は、意思決定のときに実を結ぶ。これまでの協力関係や交換条件を活かして、あなたが望む結論ができる限り確実に全員から支持されるようにしよう。

たとえば、社内でソフトウェアベンダーを2社から選ぶことになったとする。あなたの調査によるとベンダーAが適任だったが、判断力に欠ける人たちは、ベンダーBのほうが良いと思い込んでいることに気が付いた。

そこで、ベンダーAに決めるべきだというあなたの意見をベンダーを決定する全体会議の場でできる限り多くの会議参加者に支持してもらえるよう、根回ししておきたい。ここで社内政治の力を使い、信頼関係を築いた仲間で会議の席を埋める。

また、あなたが昇進を狙っているときに、同じ枠を狙う競争相手がいるとする。これこそ誰かへの貸しを回収する絶好のチャンスだ。貸しのある協力相手に、上司の前であなたのことを称賛し、その職務に最適の人材だと進言してもらおう。

まとめ｜目的達成のための社内政治

○他者が何を必要とし、
欲しているかを探る

○信頼できる相手と
有効な協力関係を築く

○頼みごとの貸し借り状況を
常に把握する

○ここぞというときに
目的達成に協力関係を利用する

秘訣10 ――メンターを見つける

メンター（相談役／指導役）とは、あなたを個人的に気に懸け、助言と指導を与え、人間関係を活かしてあなたのキャリア開発を支援してくれる、基本的には年上でできればあなたより博識の、同僚または職場の人だ。

1. 関係性を理解する

メンターにまつわる誤解からか、この関係性は事実よりもずっとおおげさなことのように思われがちだ。ポップカルチャーでは、師匠が見習いの若造を庇護（ひご）するような（ヨーダとルーク・スカイウォーカーしかり）やけに感傷的なロマンチシズムのイメージが助長されている。

その一方で、新入社員オリエンテーションの一環として「社内メンタリング制度」を設ける企業もあり、もとは正式な形などないはずのものをどうにか型にはめようとしているかのようだ。

真実はそのちょうど中間にある。キャリアを切り拓いていく過程で、あなたのために時間とエネルギーを割いて手を貸してくれる人に、たくさん巡り会うことだろう。

さすがにヨーダとはいかないにしても、（運が良ければ）人事部に割り当てられた暇を持て余しているだけの年長の社員よりはましなメンターと出会えるはずだ。

メンターとの関係から得られるものは割とわかりやすい。経験、視野と人間関係の広がり。メンター側があなたとの関係から得られるものはもう少し複雑だ。

メンターには、とにかく何かを教えることへの使命感を持つ人や、感謝されたくて仕方がない人、もしくは社内の誰かを味方につけたいだけの人もいる。メンターと付き合ううちに、見返りに何が求められているのかがわかってくるだろう。

2. 自分に足りないものを知る

メンター探しの最初のステップは、経験不足は読書やセミナーだけでは埋められないと気付くことだ。たとえば、あなたはプログラミングの天才だが人を理解する能力に欠けていたとする。あなたの目標が技術部長ならば、人事的な問題への対処法を学ぶ必要がある。これを本から学びとるのは難しいが、誰かの指導を受けるといくらか楽に学べる。

私自身の経験は、その例とは逆だった。人を理解するのは割と得意だったが、ハイテク業界に入ったばかりで実務上必要な技術面の能力に欠けていた。それが最初のメンターとの出会いにつながり、プログラミングとシステム開発の基礎を教わった。

メンターは、同じオフィスの人である必要性も、同じ会社の人である必要性すらもない。私は一度も直接顔を合わせたことのない人のメンターとなった（またはメンターになってもらった）こともあり、メールや電話で頻繁にやりとりをしていた。

3. 目的はメンターを得ることではなく、助言を得ること

助言を求められることは賛辞を贈られているのと同じなので、ほとんどの人は学んできたことを喜んで教えてくれる。しかし突然、「メンターになってください」と申し込まれても、出会ったばかりの相手からプロポーズされるようなもので、単純に気味が悪い。

メンターとの関係は時間をかけて育まれる。相談を受ける側は、助言と指導を与えることに楽しさを感じて、メンターであり続ける。相談する側は、助言を得ることに楽しさを感じて、感謝の気持ちを表す。単に助言を与えて受け取るという関係がその後も継続するものになるかどうかには、これといった条件はない。

4. 卒業する際は思いやりを持って

メンターからの助言や指導が必要なくなる日がそのうち来るだろう。そのときに二人の関係性は否応なしに変わり、メンター側は辛い思いをするかもしれない。

子どもを成人まで育てあげたことのある親なら誰でもわかるだろうだが、我が子がもう自分を必要としていないというのは、ほろ苦い喜びだ。メンターにとってもそれは同じ。したがって、関係を卒業するときには、メンターを単に捨て去ってはいけない。いくらか距離を置きつつも、交流は続ける。メンターとして始まった関係が、対等な友人関係へと発展したら何とも素敵だ。

まとめ｜メンターを見つける

○メンターは自分が得た学びを
人に教えたくて仕方がない

○あなたにない経験と能力を持つ
メンターを見つける

○助言を求め、関係を育む

○相談関係を卒業するときは
思いやりを持って

迷惑な同僚10タイプ

適度に感じよく振る舞いながら自分の仕事に集中していれば、たいていの同僚とはうまく付き合える。しかし本当に厄介な存在となりうる同僚も10タイプ存在する。それぞれに対応する方法をここにまとめる。

1．優柔不断タイプ

判断ミスを責められることを恐れるあまり、優柔不断タイプは何もかもを徹底的に調べ尽くす。すべてを解決してくれる小さな情報が、最後の最後に見つかるのではないかと、ひたすら探し続ける。

このタイプは、状況が変わって意思決定をしなくてもよくなるまで、決断を回避し続けたいと願っている。決断も行動もせずにいた結果、失敗して責任を問われると「**私のせいじゃない！**」と憤慨する。

業務やプロジェクトが優柔不断タイプの同僚の決断待ちとなった場合、最善の一手は、同僚に自分で決断したかのように思わせて実際にはあなたが決定することだ。

たとえば、「これについて○日までに決定しなくてはなりません。その日までに連絡がなければ、○○と決定されたとして進めます」というように、意思決定に締め切りを設け、それまでに決断がなされない場合にはどうするかを事前に定めておく。

2. 征服者タイプ

競争意識を持つことは悪いことではない。しかし、競争心が有り余って判断力を失い、正しいことをするよりも他人を負かすことを重視してしまう人がいる。

たとえば、競合する2社にそれぞれ競争意識の高い営業部員がいるが、両社ともに利益となる大きな販売機会をものにするためには二人が協力し合う必要があるとする。

しかし、互いを競争相手とみなしているため、実際に案件を進めるよりも、上手く立ち回って相手よりも有利な立場を得ることや、相手を締め出そうとすることに時間を多く割きがちになる。

征服者タイプとうまく付き合うには、その競争心が本人だけではなくチーム全体の勝利に繋がるように導いてやること。ただし、勝利の後には征服者タイプが名声や功績を独り占めにするおそれがあるので、注意しておこう。

3. 主人公タイプ

主人公タイプ（ドラマチスト、ドラマクイーンともいう）は何でもかんでも怒りと不快感を込めたかんしゃくの発作に変えてしまう。エネルギー源は自分でつくりあげたおおげさなストーリーだが、このストーリーに周りはうんざりする。

主人公タイプは何よりも**注目の的になりたくてたまらない**。スタジオ内で演技する大根役者のように、誇張表現を並べておおげさな身振り手振りをし、相手を怒らせて自分も憤怒しているかのように見せる。どれも「私を見て！　私こそが重要人物！」と伝えたい必死の試みだ。

この欲求をかなえてやると、注目への渇望を抑えるどころかかえって強めてしまう。最善策は、相手がやる気を失うまでその芝居を無視することだ。主人公タイプが何を言おうと反応しないこと。そして芝居が終わったら、その意見をきちんと聞いた旨をさらりと伝え、それから本当に話すべき問題に移る。

4. 因習打破タイプ

因習打破タイプは、他人、それも特に権威を持つ人を軽蔑することで、悪い意味での注目を集めることを生きがいにしている。自分は規則に縛られない人間だと示すためだけに、とても理にかなった規則さえもとりあえず破る。

たとえば、私のかつての同僚男性に、上司のことを誰の前でも（その上司と交流のある人たちの前でも）「能なし」と呼びたくてたまらない人がいた。たしかに、その上司は頭が切れるとはとても言えなかった。だとしても、同僚の暴言のせいでグループの雰囲気は悪化する一方だった。同僚だけは、言葉で権威に逆らって注目を集めることを明らかに楽しんでいたが。

因習打破タイプとうまく付き合う最善の方法は、職場ではその同僚と距離を置くことだ。ある意味面白い人物ではあるが、最終的には、取り巻きとみなされた人を道連れにクビになるだろう。

5. だらだらタイプ

だらだらタイプは、誰もが一度は聞いたことのあるような凡庸（ぼんよう）なプレゼンテーションを、いつもきっちりと仕上げる。何枚ものスライドにわたって箇条書きを延々と連ね、ひとつひとつ音読することにこだわる。

このタイプの問題は、自分の発表がつまらないと自覚していない点だ。情報を盛り込んだ自作スライドをこのうえなく素晴らしいと、そうでなくとも極めて重要であり周囲からの注目に値すると、心底信じているようだ。

だらだらタイプへの対処法は、できるだけ同じ会議に出席しないこと。それが無理なら、だらだらタイムを有効活用する方法を考える。たとえばメモをとるふりをしながらタブレット端末でメールに返信するなどだ。

もしあなたが会議のルールを決められるなら、「1人当たりスライド1枚」というルールや、いっそのこと「パワーポイント禁止」ルールを敷いてみるといい。効果はてき面で、だらだらタイプすら本当に重要な内容に集中するだろう。

6. えせ友達タイプ

えせ友達タイプは、あなたの最大の支持者、いちばんの親友、そして唯一の真の味方であるかのように振る舞う。同時に、あなたがすることすべてを狡猾(こうかつ)に妨害する。

このタイプは、あなたを称賛するように見せかけて実は自信を奪う発言をする。たとえば、「あの大事なプレゼン、すごく上手だったから、ほぼ誰もタイプミスには気付きませんでしたね」といったように。

問題が起きたらあなたに手を貸すと口では言うが、いざ約束を果たすときが来ると、決まってもっともらしい言い訳で、どうしてもできないと逃げる。

このタイプへの対処法は、徹底的に避けるか、それが無理なら礼儀は保ちつつも「友情」を育む行為をいっさいしないことだ。相手を魅了して味方につける能力が、えせ友達タイプの怖いところ。でもあなたから距離をおけば、それも難しくなる。

7．ごますりタイプ

誰もがたまには上司にごまをするだろう。権力を持つ人に取り入るのは人間の本性だし、優秀な上司ですら時折称賛の言葉を期待し、喜んで受け取るものだ。

とはいえ、時たま上司の尻にキスをするのと、常に割れ目に顔を突っ込んでいるのとは話が別だ。ごますりタイプは上司のなすことすべてをしきりに称賛し、見返りの恩恵を望んでいる。

ごますりタイプの同僚を持つデメリットは2つ。まず、ごますりタイプは生産的な仕事よりも上司を良い気分にさせることに時間とエネルギーを割く。そしてごますりを容認する上司は、べた褒めの称賛以外にはどんな助言も耳に入らなくなる。

彼らと一緒に働かなくてはならないなら、真の問題は上司にあることをまず理解しよう。したがって選択肢は2つ。別の上司を探すか、あなたもごますりタイプになるかだ。

8．吸血鬼タイプ

職場の吸血鬼は姿を現した瞬間に部屋じゅうの生気を残さず吸い取る。「○○（理由）だからうまくいくはずがない」、「そんなの無駄な努力だ」、「解決策のない問題がこんなにある」などの言葉を隙あらば浴びせてやろうと構えている。

吸血鬼タイプは落ち込んでいるわけではない。むしろ逆だ。周囲の人の前向きな気持ちをぐしゃりと潰すことで大きな快楽を得る。周りの全員を不機嫌にさせたときにだけ、本当の笑顔を見せる。

物語に出てくる吸血鬼は日光に晒されるとしなびて死ぬ。職場の吸血鬼も、楽しげな反応に晒されると同じ結末を辿る。「わあ、なかなか否定的な解釈ですね」などと言ってみよう。そして吸血鬼タイプの否定的な発言がまるでなかったかのように振る舞う。

ネガティブな毒気に当てられぬようあなたが拒否してさえいれば、吸血鬼タイプは欲求不満に陥り、生気を吸い取るべく別の会議や別の哀れな被害者を見つけられる職場へと逃げ去るだろう。

9. 寄生虫タイプ

寄生虫タイプは、社内でどの案が好評価を得るか成り行きを見守り、十分な支持と影響力を得た案を確かめてから、その案の発起人そして中心人物の位置にそれとなく入り込む。

こうした行動（「行進の先頭に滑り込む行為」ともいう）は、特に巨大組織では日常茶飯事だ。理由は簡単。寄生虫タイプでいるほうが、革新者でいるよりもずっと低リスクだからだ。

寄生虫タイプの動きを阻止するには、彼らが行進の先頭に滑り込もうとしている瞬間を捕まえて注意する。「あなたはこのプロジェクトへの参加経験がないのだから、内容をよく理解できるまで少し待ったほうがいいですよ」などと言ってみよう。

また、あなたがプロジェクトに対してした貢献を示す「証拠」を、定期的な進捗報告の形で常に書き残すこと。寄生虫タイプがあなたの功績を盗もうとしたら、証拠を寄生虫タイプの上司に送る。

10. 天才タイプ

天才タイプは本人の頭の中では「伝説の人物」だ。過去の輝かしい功績について、そして同じくらい輝かしい将来の計画について、延々と話す。どういうわけか、いま現在は何か行動を起こす気配はない。プロジェクトを引き受けはしても、最後までやり遂げられない。締切りが迫ると行方（ゆくえ）をくらますのだ。代わりに引き受けてくれた誰かのおかげで何とか終わると、「回復」のためと言ってしばらく姿を消す。

このタイプへの対処には忍耐力が必要だ。プロジェクト完成のために彼らが完了すべきタスクを書き出し、必要なマイルストーンを細かく設定する。

たとえばあなたの販売企画書のために、天才タイプが技術仕様書を最新化する必要があるとする。締切り直前まで催促せずに待つのではなく、天才タイプとその上司の両方に日々リマインダーを送る。

自分が口うるさい人のように思えるかもしれないが、それはまさに**そのとおり**。不本意だが、口うるさくあることが天才タイプを従わせる唯一の道である。

まとめ｜迷惑な同僚10タイプ

○**優柔不断タイプ**は
決断できないので、こちらから義務づける

○**征服者タイプ**は勝利が必須なのでチームリーダーに

○**主人公タイプ**は注目を切望するので無視

○**因習打破タイプ**は無駄に規則を破るので避ける

○**だらだらタイプ**はつまらないので内職を見つける

○**えせ友達タイプ**は妨害してくるので距離を置く

○**ごますりタイプ**からは
逃げて職場を変えるか、あなたもごまをするか

○**吸血鬼タイプ**には楽観的でいなければ生気を吸われる

○**寄生虫タイプ**は
功績を盗むので、貢献した人を記録しておく

○**天才タイプ**は口だけなのでやり遂げるまで尻を叩く

秘訣12 ― 企業弁護士とうまく付き合う

商談を台無しにしたり、素晴らしいアイデアに水を差したりする存在はそうはいないが、熱心すぎる企業弁護士はその一例だ。幸い、企業弁護士は比較的扱いやすい。コツを紹介しよう。

1. 水面下でことを進める

サクッと終わらせたい案件では、会社が弁護士なしでは何もできない場合を除いて、基本的には弁護士の手は借りないほうがいい。

会社の提携先が信頼できる相手ならば、取引の大半は自分たちで作ったシンプルな契約書を用いて進めよう。「貴社がAをする」「弊社はBをする」といった簡素な形を取るようにする。

言うまでもなく、水面下で進めるというのはつまり、不備があるときのリスクは自分たちで負うことを意味する。もしそれがどうしても苦痛ならば弁護士に関与させよう。ただし対価を払う必要があり、それは弁護士費用だけの問題ではないと覚えておくこと。

2. 承認ではなく、意見を求める

企業弁護士は生まれながらの悲観論者だ。リスクを管理することと、たとえば契約問題などで裁判沙汰になった場合にあなたや会社が敗訴しないようにすることが、彼らの任務だからだ。

弁護士にとってリスクを排除する最も簡単な方法は、絶対に何事も起こらないようにすることだ。だから企業弁護士に「この異例の（または前例のない）案を実行すべきでしょうか」などと尋ねると、それが良い案かどうかに関係なく決まって否定される。

それをわかっているなら、弁護士が確実に指摘するリスクが、案を実行したとき利益に見合うかをあなたが判断すればいい。リスクを緩和できる案を弁護士から聞き出すという選択肢もある。

3. 専門用語に流されない

弁護士をはじめ、専門家というのはその専門業ならではの業界用語を使って話したり書いたりする傾向がある。弁護士はこの癖がとりわけ強い。言葉は明確にコミュニケーションを取るためのツールというより、解釈に幅をもたせるツールだと捉える傾向にある。

複雑な契約書を作成するときなど、状況によっては弁護士のやり方で進めてもらうほうがあなたにとって好都合かもしれない。しかし、あなたが契約書を受け取ってサインするなら、意図的にぼやかされた部分を明確に説明させること。そのためには弁護士の前で文章を読み上げ、「これは簡単な言葉で言うとどういう意味ですか？」と尋ねる。弁護士が答えたら、法律用語を削除してその簡単な言葉で書き換える。

4. 弁護士に時間を十分に与える

取引がうまくいっても企業弁護士は得をしないが、取引が大失敗に終わると確実に責任を問われる。よって、スケジュールの遅れというのは、企業弁護士にとっては悪いことが起きずにすむという意味で好ましいのだ。

だから、何かを急ぎでやるよう企業弁護士に依頼するのは、頑固なロバを押すようなものだ。押せば押すほど、ロバはゆっくりとしか進まない。細かく予定を立てて、期日までに完了できるかを弁護士に確認しよう。

逆に、交渉先に弁護士がいる状況では、じっと腰を据えて待つのが得策だ。

5. 良い関係を構築する

弁護士も人間なので、世間のイメージには反するかもしれないが、ほかの人間と同様、知らない相手や好きではない相手よりも、良く知った相手や好きな相手の力になりたいと思っている。

したがって会社に弁護士がいるなら、迅速に仕事をしてもらわなければならない状況が発生する前から良い関係を構築しておこう。

企業弁護士との関係作りも、仕事で出会うほかの人との関係づくりと何ら変わらない。仕事内容や経歴について尋ね、共通の関心ごとを見つけよう。

なお、そのままのあなたの姿を見せられると理想的だ。特異な案件を急ぎで承認せよという無理難題を要求する厄介な人ではなく、仕事の完遂に尽力する人としての姿を。

まとめ｜企業弁護士

○リスクがかなり小さいなら、
弁護士を仕事の輪に入れない

○弁護士は上司ではない。
助言は受けても決断は自分で

○法律専門用語は易しい言葉に
換えてもらう

○決して弁護士を急かさない。
いっそう遅れが出るだけだ

○会社に弁護士がいるなら、
その中の誰かと親しくなっておく

ソーシャルメディアの活用法

企業がブランドをつくるのは、その企業の製品に対する感想を消費者に覚えていてもらいやすくなるからだ。ブランドは3つの主要な要素からなる。ブランド名、ブランドロゴ、沿革だ。

たとえばザ コカ・コーラ カンパニーは、複数のブランド名（コカコーラが代表的）、ほとんど変更されることのない特徴的なロゴ、そして100年以上続く美味しいソフトドリンクの販売会社としての揺るぎない歴史を持つ。

個人としてのあなたも、利用するソーシャルメディア内で同様の要素からなるブランドを持っている。あなたの名前（ブランド名）、顔写真（ブランドロゴ）、そしてプロフィール情報（沿革）だ。

ここでは自分をブランド化するためのソーシャルメディア活用法を紹介する。

1. 報酬とリスクを理解する

ソーシャルメディアサイトはほかのビジネスコミュニケーションとは形が根本的に異なる。会話、ボイスメール、メール、プレゼンテーションは**限定された相手への通信**、つまり一対一、あるいは一対数人で行われる。

一方でソーシャルネットワークは広範な相手への通信、つまり一対大勢対大勢対大勢で行われる。一部のサイトではプロフィールにアクセスできる相手を制限できるが、基本的には誰もが閲覧できる仕組みだ。そのため、良くも悪くもあなたのキャリアに特大の影響を与えうる。

ソーシャルネットワークの活用は、自分の商標を作成して広く認知させるための第一歩となる。ただし、企業と同様、自分の商標を確立すると同時に汚されることのないよう守らなければならない。

2. 適切なブランドイメージをつくる

自分の写真がブランドロゴとなるので、キャリアの邪魔ではなく手助けとなる方向にブランドをイメージづけられるプロフィール写真があるといい（すべてのサイトで同じものを使おう）。予算に余裕があれば、プロの写真家に公式な写真を撮ってもらう。自撮りはやめよう。

同時に、あなたがつくろうとしているイメージに反するインターネット上の足跡は、すべて削除する。ソーシャルサイトの過去のページはきれいにしておこう。もし、あまり見られたくないあなたの写真を友人が投稿していたら、消去を依頼する。業界内であなたが（十分に）認知されていて些細なことは気にしなくていい場合は別だが、単に少し風変りな趣味ですら従業員や顧客を遠ざけてしまう可能性はある。仕事と私生活の垣根をなくす流れが近年はあるが、私は私生活のプライバシーを保つことをおすすめする。

問題となりそうなデータを消し去れない場合もある。たとえば逮捕歴があると、結局告発はされていないにしても、あなたの名前と顔写真が警察のウェブサイトに残っている可能性がある〔訳注：アメリカでは飲酒運転をしただけでも逮捕される場合がある〕。その場合は名前でも変えることになるだろう。

ブランドイメージに影響を与えるまた別の要素は、読み書き能力の有無だ。プロフィールに誤字や文法の誤りがあると、見た人はあなたが馬鹿か不注意、もしくはその両方だと思うだろう。書くことに自信がないなら、コピーエディターを雇ってプロフィールをチェックしてもらう。

3. 目的を考えて経歴を載せる

仕事目的で利用するソーシャルメディアサイトで最も重要なのは、LinkedIn（リンクトイン）のような履歴書を投稿する類(たぐ)いのものだ。たいていの人が、自分の職歴を淡々と箇条書きしたものを載せるという愚かな間違いを犯している。

なぜ愚かなのか。それは、インターネットに履歴書を掲載する目的は、新しい職を得ること、もしくは現職のためにスキルアップすることの2つのみだからだ。全体をざっくりとまとめた履歴書では、このどちらの目的も達成できない。

職を探しているなら、いま就職活動の対象としている職種を履歴書に反映させるといい（**秘訣㉕「採用面接の前にすべきこと」**参照⬇178ページ）。現時点の就活状況に合うように履歴書をまめに更新する必要がある。

一方、現在働いていて就職活動をしていない場合は、仕事関係者や顧客、取引先から、現職に適任で信頼に値する人物だと思われる履歴書にしたい。したがって、現職に関係のない情報はすべて消去する。

履歴書には自分の行動のみを、具体的かつ数量化した効果を添えて記載する。たとえば、広報課で働くあなたの肩書きが「広報課長」であることは、誰も気に留めない。しかし、CEOをCNNに出演させたことを書けば多くの人の目に留まり、あなたの株が一割増しになるだろう。

4．現実的な推薦文をもらう

LinkedInではほかの人から推薦文を投稿してもらうことができる。推薦文の問題は、いちばん仲のいい友人に依頼して自作自演の良いコメントをもらっただけではないかと疑われやすい点だ。

それでもなお、推薦文をもらって損にはならない。現実的で信用できるもの、つまりあなたが世界一素晴らしい人間であると飾り立てようとしないものが好ましい。

できれば、履歴書の説得力を強めてくれる推薦文がいいだろう。求職中かどうかや現在の職種を考慮して、随時変更したり差し替えたりできるといい。

5．もともと好きでない限り、ブログ投稿は始めない

ほとんどの人はブログを始めてもすぐに投稿の頻度を落とし、結局まったく投稿しなくなって開設から数週間で手を引く。廃れたブログは、定期的にブログ投稿を続ける能力がないことの証拠となって残る。

誰でも何かしら書きたいことはあるだろうから、開設直後は内容のある記事を書けるが、時間とともにそれも困難になる。これは、2007年2月以降の平日には欠かさず記事を投稿してきたプロのブロガーとしての見解だ。

ブログを書こうと決めたら野心的ではなく現実的でいよう。週1で投稿できそうだと思ったら、2週間か1か月に1回投稿する計画にする。そうすれば、ネタ切れになりにくいだろう。

ツイッターなどのミニブログでは内容のある記事を定期的につくる必要がないため、さほど問題にはならない。ミニブログは自分でつくり上げるというよりも、役立ちそうな情報や面白そうな記事を他人に教える使い方が一般的だ。

最後に、自分のブログが閲覧者数を大きく稼げると期待しないこと。大量の読者を獲得できるブログはほんのひと握りだ。一般的にはすでにあなたに関心を持つ人を対象読者として、あなた自身について、またあなたの意見についてより詳しい情報を提供することが、あなたのブログの価値となる。

6. コメントを残すならルールを決める

従業員による酷い発言や下品なジョークにより会社のブランドイメージが損われる危険性があるため、大企業の多くは従業員がインターネット上に書いていいこと、いけないことをまとめた詳細なガイドラインを用意している。

あなた自身のブランドイメージもこれと同じだ。あなたのキャリアに関係のない議論とあなたのブランド名が関連付けられても、何ひとついいことはない。その議論が政治的、宗教的、性的な要素を含むものであればなおさらだ。

ただ、**どうしても**コメントを残さねばならないときは、ブランド名ではなく仮名を使い、それでも正体がばれる可能性はあると気をつけよう。このような失敗によりキャリアが台無しになった人は数知れない。

まとめ｜ソーシャルメディアの活用法

○あなた個人のブランドが、
周りから見たあなたの姿を決める

○ふさわしくない写真は消去し、
プロが撮った顔写真を使う

○キャリアの目標に沿う
履歴書を作る

○現実的で関連性の高い
推薦文をもらう

○報酬をもらえるわけでもない限り
ブログはしない

○仕事に関係のない思想は
インターネット上に書かない

会議で頭角をあらわすには

かつてないほどに会議が頻繁に開かれる時代となった。アメリカ国内の企業に絞っても、1日2500万件の会議が**毎日**開催されている。控えめに言っても、少なくともその半分以上の時間が目的の曖昧なプレゼンテーションと無駄な議論に費やされている。

だから会議には少なめに、それもあなたの目標に近づく足しになるものだけに出席しよう。心に留めておいてほしいのは、1日（平均）たった90分間を会議に使ったとすると、65歳になる頃には仕事人生のうち**8年間**分を会議に費やしたことになる。

この後、**秘訣⑱「会議を生産的に行う」**（⬇134ページ）では、出席した会議を円滑に進める術を教えるが、秘訣⑭ではまず、有益な会議にのみ出席する方法、そして出席する会議に自分の議題を盛り込む方法を説明する。

1．自分のやりたいことを把握する

会議は時間を消費するものであり、時間は有限なので、目標達成の糧となる会議にのみ参加したいところだ。これは自分が何を達成しようとしているかを理解しないことには不可能である。一方、参加すると決めた会議では、自分の目標達成の布石となる言動をしたい。繰り返すが、何を達成しようとしているかを理解しないことには不可能だ。

したがって会議に参加するかを決めるには、まずは自分の個人的な目標やキャリア目標を確認する必要がある。そうすれば、時間を費やす価値のある会議かどうか、そして出席したらどのように振る舞うべきかを判断できる。

2. 会議が開催される理由を把握する

出席する会議の種類によって取るべき戦略が変わる。会議が開催される理由は次の7つに分けられる。

① **何かを決定するため**：ある決断を下すよう参加者を説得したい、または承諾させたい。
② **アイデアを磨くため**：参加者が持つ経験や創造性を開催者のプロジェクトに取り込みたい。
③ **情報を伝えるため**：伝達したい情報はあるが、資料を作成するのが面倒なので会議を開く。
④ **プレゼンテーションを試すため**：聴衆を前にプレゼンテーションのリハーサルをしたい。
⑤ **グループでの書類作成を進めるため**：メンバー共同での書類作成を合意形成への一歩としたい。
⑥ **自分の重要性を示すため**：他人に時間を使わせることで、社内序列の自分の位置を確立したい。
⑦ **進捗を追うため**：特定の議題に関して定期的な会議を開き、任務遂行を図っている。

一般的には、参加を要請された会議の開催理由が①または②であれば、③〜⑦の会議よりも出席する価値は高いと考えられる。だが残念ながら、自分にとって有益でない会議すべてを欠席するのはおそらく不可能だろう。上司や権力を持つ同僚から召集された場合はなおさらだ。

3. 会議への参加頻度を減らす

前述のとおり、出席せざるをえない会議とそうでないものがある。無条件に出席が求められる会議の場合は、ここは飛ばしてステップ4「しっかりと準備する」へ。

出席するべきかどうか悩むなら、自分の目的と会議の理由とを照らし合わせ、別のことをするよりも出席したほうが利益が大きいかを判断する。「出席したら何を得られる？」と「欠席したらどうなる？」の2つを自問すると判断しやすい。

〈**事例1**〉

あなたの上司の同輩が、部門全体（彼のグループとあなたの上司のグループを含む）に対して会議への参加を要請している。上司の同輩が来週経営陣の前で行う予定のプレゼンテーションを、その会議で披露するらしい。あなたはこう自問する。

1. 出席したら何を得られる？

⬇上司の同輩に自分を印象付けられるだろう。おそらく出席する自分の上司にも。上司の同輩の問題へのアプローチ方法への理解が深まり、今後きっと役に立つと思われる。会議前や後に同僚と交流する機会も得られる。

2. 欠席したらどうなる?
⬇同僚はだいたい出席するようなので、私が欠席すると周りが疑問に思うだろう。しかも、上司の同輩は私の欠席を無礼だと捉えかねない。それは私の上司にとっても厄介な事態だ。

この場合は出席したほうがよさそうだ。

〔事例2〕
技術部長のあなたは、新製品のデザインに関するプレスリリースを執筆する目的の、マーケティング部の会議に呼ばれた。こう自問する。

1. 出席したら何を得られる?
⬇マーケティング部が何か馬鹿なことや不正確なことを書かないよう阻止できる。

2. 欠席したらどうなる?
⬇つまらない議論に2時間を浪費せずにすむ。また、いずれにせよプレスリリース完成後に彼らは内容を私に説明しなくてはならない。

この場合は欠席だ。出席する代わりに、プレスリリースに含めるべきと考える技術仕様をメールで送り、世間に発表する前に最終版を確認したい旨も併せて伝える。

　このように、2つの質問への答えを踏まえて、出席する意味があるかを判断しよう。意味があると判断したら、ステップ4「しっかりと準備する」に進む。出席する意味がないと判断した場合、もっともらしいが無礼には当たらない言い訳を考える。


〈悪い言い訳の例〉

「時間の無駄となりそうなので」

「ほかにやるべきことがあるので」


〈良い言い訳の例〉

「スケジュールの調整がつかないので」

「締切りが迫っているので」

4. しっかりと準備する

　このステップまで来たということは、確実に会議に出席するのだろう。ここからは、自分の目標にとってプラスとなる言動をその会議でできるようにする。参加者に良い印象を残す、だけでもいい。

　まずは会議の議題について背景知識を得よう。協議事項が発表されているなら簡単だ。もしされていない場合は、何について議論するか、何を準備すべきかをほかの参加者に尋ねる。たとえばあなたが、見込み客を得るために広告作成を担うマーケティング部長だとする。自動車業界への販売数を上げる戦略について話し合う営業チームの会議に呼ばれている場合、まず、ステップ3と同様に自問しよう。

1. 出席したら何を得られる？

⬇広告に出て当社を推薦してくれそうな顧客を、営業部員は知っているかもしれない。

2. 欠席したらどうなる？

⬇マーケティング部門は販売チームに無関心で協力する気がないと思われそうだ。

この答えに基づくと、出席という判断になる。営業部員に頼みごとをする（顧客の連絡先を教えてほしい）つもりでいるため、何か営業部員の助けとなるものを持参して会議に参加できるといい。そこで、インターネットで自動車業界の購買トレンドを調べてみる。これで、あなたの目的達成の布石（顧客の連絡先を得る）に相当する貢献ができるだろう。

5. 考えをまとめる

会議中の発言は、頭の中、またはデバイスや紙にメモする。議論に貢献し自分の評判を高めるか、自分の目標に近づくには、何に意見すべきかを考える。

発言するときは、何を言おうとしたかが曖昧になって尻すぼみになるのではなく、考えを整理したうえで話したい。だからメモが重要となる。

6．空気を読んで、貢献する

会議の初心者は、話が途切れた瞬間にアイデアや意見を口走るか、話題が次に移るまで発言しそびれたまとなりがちだ。一方、経験豊富な会議参加者は、会議に貢献してさらに良い印象を残すコツは、議論が収束する頃に発言することだと心得ている。

自分の考えを発表したり、情報を付け足したりする際には、自信を持って完結した文章で話す。そして可能であれば、望む結論のほうに向かって議論を動かすような質問をする。

たとえばステップ4で例に挙げたマーケティング部と営業グループとの会議に参加しているとする。再度簡単に説明すると、あなたは広告作成のために営業部員のコネを使って顧客の情報を得たい。会議に向けて、あなたは自動車業界の購買トレンドについて調査済みだ。

会議では営業部員のひとりが、自動車部品メーカーのCEOはなかなか電話を折り返してくれないと嘆いた。ほかの営業部員数名もこれに同感だと言う。この話題についての発言がほぼ出尽くしたと感じた頃に、あなたがこう述べる。

「自動車業界の購買トレンドを調べたところ、CEOがベンダーから製品を購入する本当のきっかけとなるのは、ほかのCEOからの推薦でした。そこで当社の現顧客であるCEOに広告に出演してもらうのはどうでしょう？」

このようにほかの参加者が考えを話し終えたタイミングで案を出すと、いきなり市場調査の話をしたり、あからさまに自分の目的に向かって顧客の連絡先を尋ねたりした場合よりも、相手が頼みに応じてくれる可能性はぐっと上がる。

まとめ｜会議に参加する

○あなたの目的達成の布石と
なりうるものとして会議を捉える

○有益な会議もあるが、
多くはそうではない

○有益な会議かどうかを判断する

○参加を断るか、
よく準備して参加するか。
その中間はない

○自分の番が来たときに
理路整然と話せるよう、メモをとる

○自信を持って話し、
できれば自分の目的へと繋ぐ

PART III

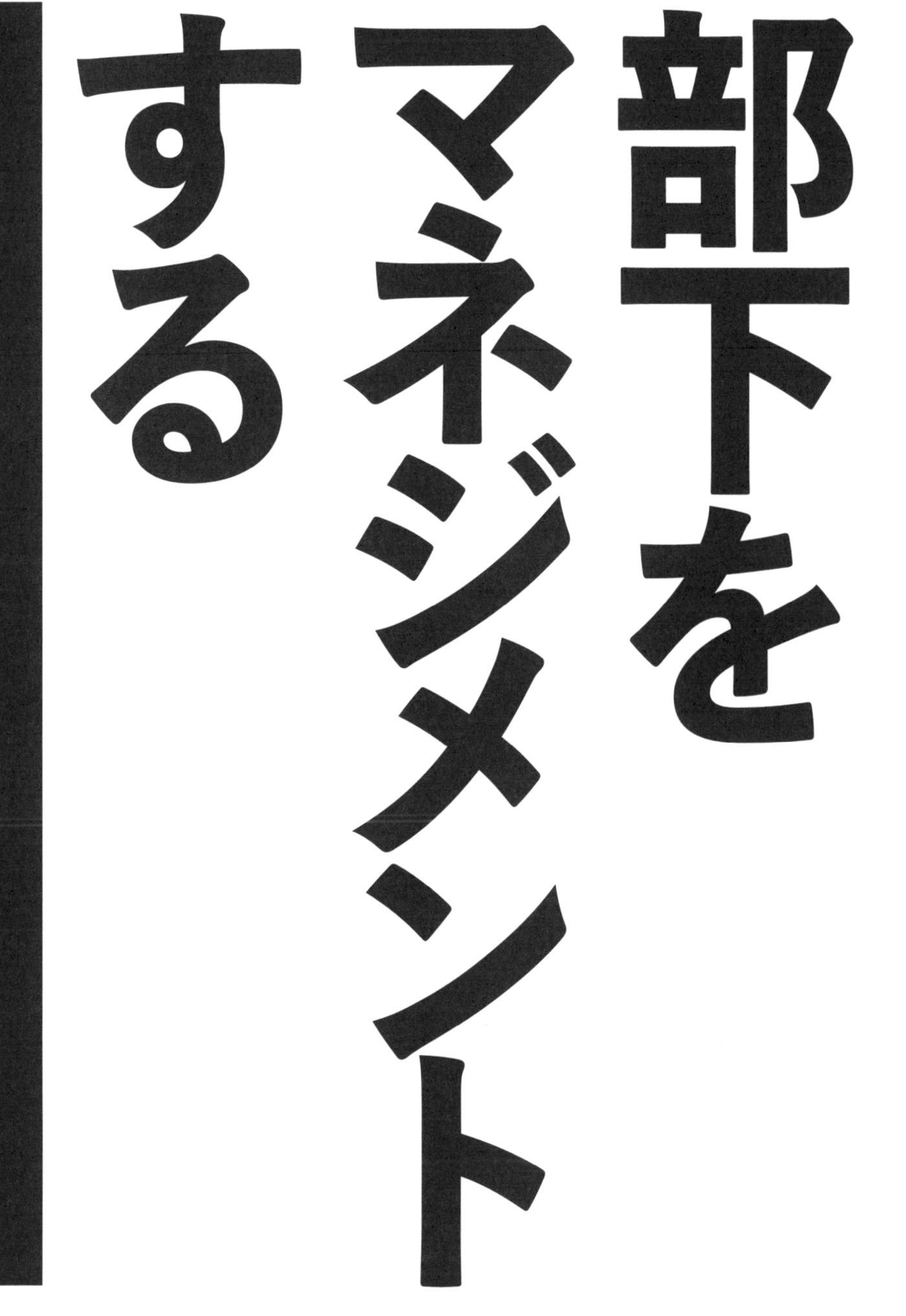

部下をマネジメントする

ネジメントをテーマにした本は山のように出版されているが、部下のマネジメントは、そんな本を執筆するコンサルタントが言うほど複雑ではない。

良いマネジメント方法を形成するのは主に「一般常識」であり、これに簡単に習得できるテクニックを少しだけ足せばいい。ＰＡＲＴⅢでは、この「一般常識」をさらにわかりやすくかみくだき、理想的なマネジメントの基礎戦略と、勝てるチームを育てるための具体的な戦術を紹介する。

内容は次のとおり。

◎**秘訣⑮**「**優秀な上司の思考回路**」は、現役のえり抜きのリーダーたちを30年以上観察してきた私の考察をもとに、使えるマネジメント術に必ず共通する核となる思考をまとめた。この８つの信念は密接に絡み合って、より強い思考をつくる（➡１２０ページ）。

◎**秘訣⑯**「**より有能な上司になるには**」では、さまざまな関心ごとに気を取られるなかで、部下をマネジメントするという大切な本業に注力し続けるための12の基本ルールを紹介する（➡１２４ページ）。

◎**秘訣⑰**「**功績をあげる人材を採用するには**」は、自分のチームに素晴らしいメンバーを得るという最重要タスクについてだ。適切な人材を得られると、マネジメントはずっとやりやすくなる

（⬇130ページ）。

◎**秘訣⑱**「**会議を生産的に行う**」では、時間と労力を無駄にすることなく、目的に向かって会議を効率よく進めるためのガイドラインを示す（⬇134ページ）。

◎**秘訣⑲**「**上手に叱るには**」では、問題行動を改める土台を部下本人に築かせることを目指し、むきにならせることなく話をする方法を説明する（⬇138ページ）。

◎**秘訣⑳**「**不満を言う部下の見方を変えさせる**」では、問題に行き詰まっている部下を助ける方法を示す。本人に合った解決策を探し、部下があなたの助言を聞いて、より生産的なことに目を向けられるよう、段階を踏んで解決に導く（⬇144ページ）。

◎**秘訣㉑**「**クビを宣告するには**」は、職場でいつかあなたに降りかかるであろう最も難しい任務についてだ。部下本人、自分自身、そしてチームメンバーの心の傷を最小限に抑えるやり方でクビを宣告する術をまとめる（⬇150ページ）。

優秀な上司の思考回路

部下の尊敬を集め、よく慕われ、昇進する可能性が限りなく高い――つまり最も成功している上司は、次の8つの信念を持つ傾向がある。

1. ビジネスとはエコシステム（協調・共生関係）であり、戦場ではない

並の上司はビジネスを会社や部門、グループ間の争いと捉えている。指令を出してこき使うための部隊を編成し、競合相手を「敵」とみなし、顧客は征服するべき領地として扱う。

一方、優れた上司は最も多様性のある会社が生き残り、繁栄する共生社会がビジネスだと考えている。新規市場に柔軟に適応し、他社や顧客、ときには競合相手とすら身軽に協力関係を築けるチームをつくる。

2. 会社とは共同体であり、機械ではない

並の上司は、会社とは従業員という歯車を持つ機械だと考えている。厳格な構造と厳格なルールを作成し、操縦役を買って出て、すべてを管理し続けようとする。

優れた上司は会社を、共通の大きな目的に向かう個人の夢と希望の集合体と見ている。チームメイトの成功に献身するよう部下を鼓舞し、それがひいては共同体と会社のためになると考えている。

3. マネジメントとは貢献であり、支配ではない

並の上司は、指示どおりに動く部下を求めている。少しでも反抗的な雰囲気を感じると過剰に警戒し、部下に上司の言動を窺わせて主体性を奪うような環境をつくる。

優れた上司は全体的な方向性を示し、部下が各自の任務を果たすために必要となるリソースの確保に注力する。意思決定を部下に任せ、チームにルールを決めさせ、緊急事態にのみ介入する。

4. 部下とは同僚であり、子どもではない

並の上司は部下を子どものような、自分より劣る未熟な存在として見ており、家長として監視しないことには信頼すらできないと考えている。部下は上司の態度を窺い、忙しく見せることと我が身を守ることにエネルギーを費やす。

優れた上司は、部下ひとりひとりを社内いち大切な存在として扱う。荷物搬出口にいようが役員室にいようが、誰にでも優秀な働きを期待するので、部下は自分自身、上司、会社のために全力を尽くすようになる。

5. モチベーションを高めるのは恐怖心ではなく将来像

並の上司は、解雇されること、嘲笑されること、特権を失うことへの部下の恐怖心を、当人のモチベーションを高める重要な手段と捉えている。その結果、部下たちは身動きが取れなくなり、会社の生存がかかった

ときにすらリスクをはらむ決断を下せなくなる。

その一方で優れた上司は、いまより良い将来像を描かせ、その絵のどこに自分がいるかを想像させる。部下は、組織全体の目的を理解して業務を心から楽しみ、見返りを必ず享受できると知ると、いっそう真剣に業務に取り組むものだ。

6. 変化とは成長であり、苦痛ではない

並の上司は、変化とは複雑で自分を脅かすもの、会社が絶望的な状況になって初めて耐えなければならないものと考えている。だから「時すでに遅し」となるまで、無意識に変化を排除し続ける。

優れた上司は、変化は人生で避けて通れないものと考えている。変化そのものを重要視するわけではなく、従業員と組織が新しい考え方や新しい業務のやり方を受け入れてこそ成功できると理解している。

7. テクノロジーが与えるのは力であり、自動化ではない

並の上司は、テクノロジーとは何よりもまず経営管理の強化と先の見通しのための手段だという、ひと昔前のＩＴ中心論に固執している。意思決定力を部下から奪う、中央一元化のコンピューターシステムを導入しがちだ。

優れた上司は、テクノロジーとは人間を解放してよりクリエイティブにし、より良質で強固な人間関係を築けるようにしてくれるものと捉えている。ＩＴ部門と話をして、従業員が使用したいと感じるスマートフォンやタブレットなどのツールを取り入れ、事務作業のやり方を改善させていく。

8. 仕事とは単なる苦役ではなく、楽しみであるべき

並の上司は、仕事とは結局は必要悪だという考えを持つ。部下は働くことを当然嫌がっているものと思い込み、したがって無意識に自分を弾圧者、部下を犠牲者と定義する傾向がある。周囲は皆それに応じた振る舞いをする。

優れた上司は、仕事とは本来楽しめるものであるべきと考えている。だから上司として最も重要な任務は、部下ひとりひとりにできるだけ本人がやる気を持って取り組める業務を与え、結果として生産性の高い職場をつくることだと信じている。

まとめ｜優秀な上司の思考回路

○ビジネスとはエコシステムなので、戦うのではなく協力する

○会社とは共同体なので、従業員を個々として扱う

○マネジメントとは貢献なので、まずは周囲の成功を手伝う

○部下とは同僚なので、大人として扱う

○恐怖心は行動力を奪うだけなので、将来像でモチベーションを高める

○変化とは成長なので、避けるのではなく受け入れる

○テクノロジーは、無駄な仕事を排除して創造性を解放する

○仕事は楽しいものであり、退屈な日課にはしない

より有能な上司になるには

これまでに私は何十人もの上司のもとで働き、数百名のリーダーたちにインタビューをしてきた。彼らが任務にどのようにアプローチし、成功をどう捉えているかを考えるうちに、有能な上司は次のルールに従う傾向があると気付いた。

1. 数字ではなく、ひとりひとりを管理する

従来、ビジネスでは数字を細かく扱い、数字をグラフにし、数字がいまどこにあって本来はどこにあるべきかを議論することが大切とされてきた。

しかし、数字とはあなたが部下をどれだけよく管理できたかの結果であり、数字をどれだけ管理できたかではない。どんな指標にも共通する、良い数字を得る唯一の手段は、あなたの下で働くひとりひとりのパフォーマンスを上げさせることである。

2. 自分のスタイルは部下ひとりひとりに合わせる

「組織を管理する」は日常的に使われる言葉ではあるが、実は実現不可能だ。上司は組織ではなく個人を管理するほかない。部下はひとりひとり異なり、誰にでも使える万能のマネジメントスタイルは存在しない。

したがって、部下ひとりひとりに対し何を求めているかを明確に説明しつつ、どうすれば当人が能力を最大限発揮できるか、部下の提案や意見を積極的に聞こう。

3. シンプルで関連性の高い測定基準を採用する

数字よりも部下個人に焦点を置いたら、部下たちが残した良い結果を測定する方法を考えよう。複雑な測定基準と複数の指標では、部下も上司も混乱するだけだ。

理想をいえば、何を測定するかは部下全員がひと目で理解できるくらいわかりやすくし、あなたが部下に奨励したい行動とできる限り近いものにするといい。業務が指標に影響を及ぼさないのであれば、その指標には意味がない。

4. 優先事項は1人に対して1つだけ

最近メールで相談を受けた話だが、その人は上司から複数のタスクを課され、すべてが「最優先事項」だと念を押されたそうだ。間抜けな上司である。すべてが優先事項なら、もはやどれも**優先ではない**。

そもそも優先とは、**1つ**がほかのすべてよりも重要であるという考え方だ。部下に複数の優先事項を与えるのは、本当に重要なものはどれかを判断する責任を部下に押しつけているのと同じだ。それは**上司の**仕事である。

5．かんしゃくを起こさない

部下に向かって感情を爆発させたり、相手を傷つける辛辣な発言をしたりして与えた傷は、相手のなかで密かな恨みとともにいつまでもうずき続ける。完璧な上司である必要はないが、部下はあなたの**サンドバッグではない**。精神的な弱さゆえに怒りやいらだちを他人にぶつける上司を、部下は嫌悪する。対照的に、重大な局面でも冷静さを保つ上司を部下は心から称賛する。

6．最も成果をあげていない部下で自分のマネジメント能力を測る

上司は、最も功績を残している部下を、自分のリーダーとしての成功のめやすにしがちだ。しかしチームにいるとても優秀な人が出した成果は、上司のおかげというよりも本人の意欲と能力によるものである可能性が高い。

自分のマネジメント能力を測るには、最も功績のない部下をどう指導したかを指標にしよう。チームに求める最低ラインをどこに設定するか、よくできる部下にはどう報酬を与えるかの基準にも繋がる。

7．気前の良さを持つ

報酬ではなく、部下の扱い方に関する気前の良さだ。賢い上司は、上司の真の任務とは（1）失敗が発生する前に是正すること、（2）部下の功績を公（おおやけ）にすること、（3）悪い結果の責任を取ること、だと理解している。部下にとって報酬とは、上司からではなく**仕事**からもらうものだ。上司からは情報、時間、称賛、そしていい仕事をするための指導を、気前良く与えてもらいたいと願っている。

8. 知識を押しつけない

上司とはベテランでありすべての答えを知っているべきだという、誤った思い込みを持つ上司が多い。しかし上司が答えをすべて与えると、部下が自分で**考えて成長する**機会を奪ってしまう。

経験には価値がある。知恵がただ座っているだけで皿に載って出てきたり、無理矢理口に押し込まれたりしたところで、人は学ぶことはできない。自分はすべてを知っているわけではないと認め、部下の独創性を引き出す質問ができる上司が、部下の尊敬を得る。

9. えこひいきをしない

上司も人間だから、お気に入りの部下くらいいるだろう。だとしても、個人的な好みを理由にほかの部下との扱い方を変えることがあってはならない。

えこひいきをすると、ほかの部下は自分の努力が十分に認めてもらえないと知り、やる気を失う。加えて、お気に入りの部下にとっては大量の敵が生まれる。子どもの頃を覚えているだろうか。教師のお気に入りの生徒はたいてい校庭でいじめられていたはずだ。

10. 忠誠心を得るには忠誠心を持つ

部下には上司が被る利害を意識してほしいし、成功に向けて支援してほしいし、より良い職を見つけた瞬間に置き去りにしないでほしい。言い換えれば、忠誠心を求めている。だが忠誠心とは育まれるべきものだ。あなたのほうから部下に忠誠心を示してやっと、部下からの忠誠心を期待できる。要するに、まずは部下が被る利害に気を配り、成功に向けて支援し、より安く雇える人がほかにいたとしてもその部下を雇い続けることだ。

11. 妥当な透明性を持つ

自分の手の内を見せず、部下を意思決定プロセスに断固として加えない上司もいる。反対に賢い上司は、プロジェクトに初期段階から関わる人を意思決定に取り込むとより良い決断ができると理解している。

オフィスにこもって意思決定を終えた上司が、部下たちへの命令を用意して現れると、決断が恣意(しい)的になされたような印象を与える。部下としてはたとえその決定内容に同意できないとしても、せめて上司の思考回路と決定の理由を聞けたらいいのに、と思うだろう。

12. 素早く決断する

リスクを嫌うあまり、重要な決断を下す前に情報を山のように要求する上司がいる。しかし賢い上司は、どの付加情報が事態を混乱させるかを見極める術（そしてこの判断も素早く行う）を身につけている。意思決定で長考し、後になってああすればよかったなどと言うのは時間の無駄だ。完璧だが現実的な考えが自然と湧き出るのを待つよりは、必要に足る程度に良い決断をすぐに下すほうがずっといい。

まとめ｜より良い上司になる

○数字ではなくひとりひとりを管理する

○部下ひとりひとりに自分のやり方を合わせる

○関連性の高い基準で測定する

○１人に指示する優先事項は１つだけ

○冷静さを保つ

○成績の悪い部下に責任を持つ

○考え方やアイデアを分け与える

○答えを与えるより質問を投げかける

○全員をできる限り平等に扱う

○自分が与えるより多くを期待しない

○意思決定の裏の理由を説明する

○ごまかさずにいますぐ決断する！

功績をあげる人材を採用するには

適切な人材を雇わなければ、優秀な上司にもなれない。単に業務をこなせる人材ではなく、抜群に優秀で、あなたや会社がいっそう成功できるような貢献してくれる人材を確保したい。そのための手段を紹介する。

1. 頭の中に理想の人物像を描く

社内でいちばん優秀な人たちを観察して、周囲との違いは何かを突き止める。優秀な人を優秀たらしめる要素は何かを見つける。あなたの会社で成功するにはどのような素質とスキルが必要かを把握しよう。

それを踏まえて、採用面接に応募してきた人が会社でひときわ優れた存在となりうるかを判断できる質問を、面接の前に準備する。

2. 面接は常に行う

非凡な才能を持つ誰かがベストタイミングでドアを叩いて入ってきてくれるのを期待しても仕方がない。どうしても必要となる瞬間まで待つのではなく、空いた席がないときにも常に応募者と面接を行おう。

メールとソーシャルメディアの両方を使って、優秀な候補者と繋がっておく。そうすれば、席が空いたときに有能な人材をすぐに迎え入れられる。

3. 性格を露わにする質問をする

面接で定番の質問をしていては非凡な才能を見出すことはできない。「これまでのいちばんの成功体験は？」と聞くよりは、成功体験を小学生時代から2つ、中高生時代から2つ、大学時代から2つ、卒業以降から2つ、それぞれ1つは仕事に関連性のあるものを書き出してもらう。

そして、そのなかで最も誇りに思う経験はどれかを尋ねる。応募者のモチベーションのカギとなるものを掘り下げられるだろう。

4. 挫折を乗り越えた経験のある人材を探す

格別に優秀な人材は粘り強い。この特性を手に入れるには人生経験を積むしかない。採用面接では、応募者が挫折を味わい、そこから何とかまた前進できた経験について探ろう。

優秀な人物は、経験に基づいた立ち直る力を持っていて、これが難しい業務に付きものの挫折をはねのける助けとなる。

5. モチベーションに依存しない成果を求める

誰かにモチベーションを上げてもらったときにしか成果を出せない人は多い。たとえばトップアスリートにさえ（オリンピック選手までも！）、コーチが「見張って」いないときには手を抜く人だっている。これは必ずしも悪いことは言えないが、常に丁寧に監督し続けるのは上司にとっては重労働だ。

したがって、部下のモチベーションを上げてやることに時間を費やすつもりがないなら、上司の監視がなくても成果を出せる人材を探そう。

6. 経験ではなく姿勢を見る

応募者の経歴に惑わされてはいけない。常に変化し続けるビジネスの世界では特にそうだ。「経験豊富な」応募者には単に負の経験を繰り返しただけの人もいると、多くの採用担当マネージャーが仰天しつつ学ぶものだ。

応募者の経歴よりも、今後抜きん出た存在となるための姿勢と基本的なスキルを有しているかに注目するといい。

7. 別の人からの評価を探る

優秀な従業員はたいてい周囲から好感を持たれる。実は、好感を持たれる人間の多くは、本当は持っていない才能を持っていると採用担当に信じ込ませる能力に格別に長けている。

「その人を**逃す**なんて正気とは思えない」と誰にも言われない応募者は、雇わなくていい。履歴書のみを参考にするのではなく、できれば自分で第三者からの評価を探そう。

まとめ｜優秀な人材を確保する

○どんな人材が必要かを
明確にする

○採用候補を常に探しておく

○経験ではなく人柄を見る

○立ち直る力は将来有望な証

○自分で意欲を
高められる人材を探す

○姿勢が最も大切

○あらかじめ用意された資料に
甘んじない

会議を生産的に行う

目的に向かってできる限り迅速に進められる短時間の会議は、上司としては非常に助かる。部下も本当にやるべき業務にすぐに戻ることができる。会議を短時間かつ意味あるものにするために押さえておくべきポイントを紹介する。

1．協議事項一覧を作成する

無駄な会議では、「情報共有」などという明確な形のない目標が設定されていることが多い。だが、時間が有り余っているわけでもない限り、重要な要決定事項がないにもかかわらず従業員を会議に縛り付けておくなんて馬鹿げている。

会議を開く理由があやふやなら、会議は開催しないことだ。明確な理由があるならば、会議の目的とその達成のために会議中に踏むべきステップを説明した協議事項一覧を作成する。次がその例だ。

〈会議の目的：A社との取引を進める方策の決定〉

ステップ1．現状について話し合う。

ステップ2．取引を再開する方策をブレインストーミングする。
ステップ3．いずれかの案に合意する。

2．背景情報を提供する

会議を短時間で終わらせたいなら、パワーポイントを使った情報共有は避ける。わざわざ壇上から丁寧に情報を与えてやらずとも、参加者が自分でざっと資料を読むほうが遥（はる）かに効率が上がることが多い。不要なプレゼンテーションを避けるには、会議の前や会議中にさっと読める要約資料を用意する。十分な情報を掲載し、参加者が一定の知識を得たうえで争点を話し合えるようにする。

プレゼンテーションを完全に廃止するのは実質無理かもしれないが、参加者ならきっと資料の見方はわかるはずだ。こう考えてほしい。開催される価値のある会議なら、背景資料を事前に読ませるのは無駄ではない。

3．目的を見失わない

ステップ1～3に従えば、どんな会議も1時間を超えて続くことは**ありえない**。1時間というのは、一般に人が1つの主題に集中できる最長の時間といわれている。だから大学の授業は1コマ1時間の場合が多いのだ。

会議が迷走し始めたら、協議事項に引き戻す。新たに表面化した問題は、次の会議にまわす。遅れて来た参加者にそれまでの内容を説明して、ほかの参加者の時間を無駄にしないように。

ちなみに、ほかの参加者を待たせることで自分の存在の重要性を知らしめたいという魂胆(こんたん)で、会議に遅れてくる人がいる。この迷惑行為を早めにやめさせるには、すでに議論を終えた部分のおさらいは拒否しよう。

4．議事録を送る

開催するに値するほど重要な会議ならば、会議の結果を資料に残すことも大切なはずだ。議事録は、会議が参加者の記憶に新しいうちに配布する必要がある。

議事録の冒頭には、その会議が目的を達成したかどうかを記述する。議事内容を協議事項一覧に呼応させると、会議の目標が達成されたかがわかりやすい。例を紹介しよう。

〈会議の目的：A社との取引を進める方策の決定〉

ステップ1　A社は一時的に新規購入を凍結しており、当社の製品在庫の販売も止まっている。

ステップ2　停滞解消の主なアプローチ2案について話し合った。1つ目は、A社に購入を早急に決断させるために今回限定の割引を行う方法。2つ目は、A社のCFOと面会して除外措置の可否を話し合う方法。

ステップ3　会議参加者は、割引は悪例をつくるという意見で一致した。よって、当社CFOからA社のCFOに電話をかけ、状況について話し、面会を提案することに決定。

ステップ4　CFO間の電話相談の結果は、次の会議までにメールで周知する。

まとめ｜生産的な会議を行う

◯会議の前に
　協議事項一覧を作成する

◯背景情報を提供する

◯会議を迷走させない

◯決定事項を記録する

秘訣19——上手に叱るには

褒められて喜ばない人はいないので、功績を挙げた部下を褒めるのは気が楽だ。しかし、背中をぽんと叩いて褒めるよりも、尻を叩いて叱咤（しった）するほうがいいシーンではどう振る舞えばいいだろう。効果的なやり方を伝授する。

1．問題のある行動にはすぐに言及する

部下の問題のある行動を指摘するタイミングは、リアルタイムまたは出来事の直後が望ましい。時間をおいてしまうと、周りの人がその問題行動に慣れてしまうため状況は悪化する一方だ。

たとえば、部下が職場には不適切な装いで現れたとする。もしその問題を流してしまうと、その部下は今後も似たような格好で出勤する可能性が高いうえ、いずれやっと指摘を受けたときにいっそうばつの悪い思いをするだろう。

2．変えてほしい行動をはっきりと伝える

目的は行動を変えることなので、その行動の裏にあると思われる性格の部分に言及するのは逆効果だ。性

格の批判は相手のなかの自己像を直接攻撃することにほかならず、むきになって反論されるのは目に見えている。例を挙げよう。

あなた「きみは無責任だから信用できない！ 今週3回も遅刻するなんて！」

部下「それは言い過ぎです！」

行動に対する批判なら相手も受け入れやすく、特に称賛の言葉が伴っていると従う気持ちが起きやすい。叱る相手に称賛を与えるのは批判をごまかすためではなく、問題の行動はさておき相手にやる気があったことを認めるためだ。

そこでちょっとした褒め言葉から始め、間をおかずに変えてもらいたい行動について触れる。この際の接続詞には一般的に使いがちな逆接ではなく、補足の接続詞を使うこと。

〈悪い例〉

「きみはチームの成功に大きく貢献してくれた。**だが、**ほかのメンバーに反対されたとき、怒りを爆発させていたね」

〈良い例〉

「きみはチームの成功に大きく貢献してくれた。**ただ、**ほかのメンバーに反対されたとき、怒りを爆発させていたね」

「でも」など逆接の言葉で繋ぐと、賛辞が嫌みのようになってしまうが、「ただ」のように補足の接続詞で繋げば、賛辞に付け足すニュアンスになる。

3. 問いかけを使って会話を進める

変えてもらいたい行動を挙げたら、次は本人に行動の改善について考えさせ、努力させたい。これは部下の行動の本当の原因を知ってこそ可能になる。

相手の話に耳を傾け、受け止めることで、その人の視点を通して事実を見られる。そうすると、部下の行動の改善をどう手助けできるかを考えやすくなる。たとえばこうだ。

あなた「いつもよくやってくれているわね。ただ、今週は3回も遅刻しているわ。何かあったの？」
部下　「子どもを預けている保育所とトラブルになっているんです」
あなた「親としても頑張っているのね。あとはここにも時間どおりに来てほしい。全員の仕事に遅れが出るからよ。何か対策はある？」

4. 行動計画に対する確約を得る

状況に対するあなたの認識と部下の認識とのあいだにずれがあれば解消する。部下の現在のパフォーマンスと求められているパフォーマンスとに差があると、部下にも理解してもらう。
理想的には、問題の解決策は部下に考えさせたい。部下に案がない、または部下が挙げた案では不十分な場合は、あなたの案を伝え、行動を変えるために何をする必要があるかを一緒に決める。たとえばこうだ。

あなた「試験プログラムの件ではとてもよくやってくれたね。ただ、プログラマーへのメールであなたが怒っていたと聞いたけど、何かあったのかい?」

部下「プログラマーがコードの出来の悪さを棚に上げて、試験プログラムのエラーを私のせいにしたので、本当にイライラしたんです」

あなた「エラーの解消にあなたが熱心なのはわかるけれど、怒りをもう少し抑えられたら、もっといい協力関係になれると思うよ。何か対策は考えてる?」

部下「そうですね、コーヒーを少し減らそうかと……」

あなた「いいね。あとは怒っているというメールを送る前に、一日待ってみるのがいいかもね。できるかい?」

部下「はい、できると思います」

あなた「よろしく!」

5. 最後まで状況を見守る

癖は簡単には変えられないので、行動を改めるには時間がかかる。普段と違う行動を取ろうという部下の意識がものすごく高くない限り、つい問題の行動を繰り返してしまう可能性は高い。

必要に応じて振る舞いを監視し、追加の助言を与えて目標とする行動を常に意識させる。その部下が能力を発揮できるようになるまで諦めないこと。

まとめ｜従業員を叱る

◯好ましくない振る舞いがあったら
すぐに直接伝える

◯賛辞を与えてから
改善すべき行動を指摘する

◯行動の背後にある理由を
理解するために質問をする

◯行動の改善策に対して
合意を取る

◯監視を続けて
改善後の行動を促す

不満を言う部下の見方を変えさせる

従業員が問題に対して不平をこぼすのではなく、問題を解決するほうに時間を割いてくれれば理想的だ。だが現実では、残念ながら多くの人が行動するよりも文句を言うほうを選ぶ。

不平不満の多い従業員は、職場全員の業務遂行の妨げとなる。文句を言うことで本人の時間を無駄にするだけでなく、その不平に耳を傾けるあなたの時間をも浪費する。そんな相手への対処法を紹介しよう。

1. 話をする場を持つ

あなたと面識があり、不平不満が多いと有名な従業員が、あなたの仕事場に入ってきて話があると切り出したとき、あなたは作業を中断しては**いけない**。

その代わりに、話をぜひ聞きたいという意思を伝えたうえで、そのためには目の前の仕事を片付けないと話の内容に十分に専心できないと説明する。あまり遠くない日にちの特定の時間に話をする場を設けよう。

こうするメリットは次のとおりだ。

1. その従業員があなたの生産性に及ぼす悪影響を抑える。

2. あなたに話を聞いてもらうことを、従業員の業務の遅れの言い訳にさせない。
3. その従業員への敬意と、適切なときになら話を聞く意欲があることを伝えられる。

予定の日時が近づく頃には、その従業員が何か別のことに気をとられている、つまり**問題が解決**している可能性もある。そうならなければ、ステップ2「話す内容を決める」に進もう。

2. 話す内容を決める

話し合いのときが来たら、最初にこの質問をする。「話をするにあたって、私に解決案を出してほしい？　それともちょっと話を聞いてほしい？」この質問が重要となる理由は3つ。

1. まず話してから解決策を考え始める人もいると認めてあげる。
2. 話の内容に関係なく、また解決策に移るには早すぎるかもしれないが、策はあるものだと伝える。
3. 話す時間に制限を設けることで、生産性を落とさないようにする。

3. 不平不満を聞く

その従業員が解決策を求めているかどうかにかかわらず、不満を話し始めたら少なくともいまは、解決策を提案したい衝動に耐えること。**不満を抱える人は何よりも話を聞いてもらっていると実感したい**のだということを忘れてはならない。

不満の内容が馬鹿馬鹿しくて要領を得ないものに思えたとしても、あきれた顔をしたり、気を揉んでそわそわしたり、メールをチェックしたりしてはいけない。頷きながら「なるほど」や「それはたしかに辛いね」などと返そう。

あなたが早まって解決策を提案して火に油を注がない限りは、相手は5分もしないうちに話し疲れるだろう。相手が静かになったら、相手の気持ちを掘り下げる質問をする。

「その件について、ほかにも何か思うことがある？」
「このことを私に話しに来たきっかけは何だった？」
「実行できそうな解決策を考えられそう？」

このような質問は、相手が文句を言うだけではなく、問題解決に思考を向ける助けとなる。

4．相手の計画を聞く

問題を全部話し終えた相手には、何をすべきかが見えやすくなっているはずだ。ただ我慢してやり抜くという解決策しかなかったとしても。

不平不満を言う人のほとんどは、何をすべきかをすでに知っている。ただ愚痴を吐き出さない限りは行動を起こす意欲が湧かないだけだ。だから不満を言う者は、ときに口では「どうすればいいかわからない」と言う。

そんなときは「じゃあ、もし対処方法があるとしたら、それは何だと思う？」と返してみる。この言い換えにより、相手が自ら無力感に浸ろうとするのを止められる。相手に解決策があるようなら、再び静かに話を聞く。「どうすればいいかわからない」から進まないなら、「本当に困っているんだね」などと言葉をかける。そして次のステップ「助言が本当に求められているかを確認する」に進もう。

5. 助言が本当に求められているかを確認する

相手が話し終えて落ち着いたら、「少しはすっきりできた？」と聞く。答えが「はい」、「いいえ」、「多分」のどれであろうが関係ない。この問いかけは、あなたが不平不満を聞いたことを確認しあうためだけのものだ。

あなたが不満を聞いたので、相手はあなたに**借り**をつくったことになる。これは良いことであり、不満を聞くのはなかなかの重労働なので妥当でもある。次にとても重要な質問をする。「この件への私の見解を話してもいい？」

もし嫌だと言われたら、もう何もしようがない。あなたは話を聞いた、つまり相手を本来の業務に戻らせるためにできることをしたのだから、気に病むことはない。もし、あなたの話を聞くと言われたら、次のステップ「最善策を提案する」に進もう。

6. 最善策を提案する

最初にこう伝える。「その件に対して何をすべきか、私の見解を言うね。私の案についての質問には後で喜んで答えるので、それでいったん話は終わりにしましょう」。

そしてあなたが思う最善策を助言として与える。ステップ4「相手の計画を聞く」で相手が現実的な解決案を出したなら、それも組み入れる。「私があなただったらこうするかもしれない」といったような、あなたの視点からの助言にする。

その後「質問はある?」と尋ねる。あなたの案ではうまくいかないと相手が言い始めたら（いわゆる「はい、でも……」）、両手で相手を制止して「これが私のなかでは最善策よ」と言おう。そして話し合いを終了する。

もし相手が、あなたの案を実行しようとして質問をしてきたら、できる限りの回答をする。おめでとう、あなたは不平不満の多い相手を問題解決できる人へと変えた。注意してほしいのは、ここまでのステップを実行する際は相手への敬意を表しつつ、めそめそ話に加わる意思はないという姿勢も示すことだ。

まとめ｜不満を漏らす部下には

○話し合いをする場を設ける

○話す内容を決める

○部下の不平不満に耳を傾ける

○解決に向けた相手の案を尋ねる

○本当に助言を求めているか
確認する

○あなたが考えた最善策を提案する

クビを宣告するには

どんな上司にとっても最も辛い仕事は、誰かをクビにすることだ（仮にその相手が職務に適任でなくとも）。なかでも最悪なのは、何も悪いことをしていない従業員の一斉解雇である。この任務を簡単に終わらせる秘訣は存在しないが、できる限り傷つかずにすむ方法をここで紹介する。

1. 言葉を濁さない

「人員削減」や「適正化」などの言葉は、生身の人間が関わる出来事だという事実を覆い隠して、上司側の気分をましにする表現だ。軍が「民間人の死亡」を「副次的な被害（コラテラル・ダメージ）」と表現するのと変わらない。「人材を手放す」などの表現ですら、会社側の臆病さが前面に押し出されている。まるでその従業員が会社を出たくてたまらず、会社がやっと望みどおりにしてやったといわんばかりだ。

誰かにクビを宣告する際は「あなたを解雇する」と伝える。一斉解雇であればそう伝える。真実を伝えるのが辛くても、そのとおりに伝えること。真実をいっそう辛い気持ちで受け止めねばならないのは解雇される側なのだから。

2. 次はあなたかもしれない

解雇宣告があまりに不愉快な任務だからか、上層部の人間が自分より職位の低いマネージャーに手を汚す役目を命じ、後にそのマネージャーをも解雇することも割とよくある。上層部の人間からしてみれば、いくつもの辛い任務を比較的簡単な任務1つに換える得策だ。

すぐ「元」部下となる相手といずれ失業者の列で出くわすかもしれないとでも理由をつけて、解雇宣告をする際はできる限り見苦しくないように振る舞うこと。

3. 可能であれば、正直な理由を伝える

解雇の真の理由を部下に伝える義務があなたにはある。真実をうやむやにしてはいけない。ちなみに一斉解雇の真の理由は、たいていの場合「私も含め、あなたの上司たちがしくじったから」、だ。

真実を伝えたほうがいいとはいえ、法や政府の縛りもあるので、正直な人間を貫くわけにもいかない場合もある。板挟みになることや、あなたや残りの従業員の状況を悪化させることを避けるために、クビになる従業員に何を話すかに関しては会社が定めた方針にとにかく従う。

4. 素早く徹底的に

解雇は、病院でいえば命に関わる手術のように扱われるべきだ。大量の傷を負った患者（すなわち会社）には、出血多量で死ぬことなくショックをなるべく早く乗り越えてほしい。

ほかの従業員がショックを乗り越えるためにも、解雇は素早く終わらせる。上司にとってもそのほうがま

だ傷が浅くすむ。解雇のプロセスが長引くと、絶対にクビにしたくない大切な従業員が不安を感じて転職を考えるおそれもある。

同僚が会社を去るのを見送った残りの従業員（特に評価の高い者）は、嫌な空気や居心地の悪さをいやおうなしに感じる。生き残った従業員には、価値を見出されていることをきちんと自覚させ、気持ちを切り替えられるようサポートしよう。

まとめ｜解雇や一斉解雇を宣告する

○ビジネス界特有の
婉曲表現を使わない

○相手の心情に理解を示す

○出来る範囲で理由を説明する

○素早く解雇を終え、
ショックを乗り越える

PART

自分をコントロールする

仕事上のどの人間関係にも増して最も重要なのは、自分自身との関係だ。あなたが多少なりともコントロールできるただ2つのもの、つまり自分の心と体をどれだけうまく管理できるかが、仕事の成功に直接関係してくる。

ますます多くの業務を少ない時間で処理しなければならない時代だ。そのうえ、一斉解雇を切り抜けると、解雇された従業員の分の業務も上乗せされる。いままでにないほどに、自分の未来は自分次第となっている。

PARTⅣでは、キャリアアップを堅実かつ楽に実現するために必要な秘訣を伝授する。

◎**秘訣㉒**「**キャリアの安定を得るには**」では、現在の勤務先にとって貴重な人材となる方法と、転職の準備をする方法を紹介する。結果として上司や同僚と付き合いやすくなるはずだ（⬇158ページ）。

◎**秘訣㉓**「**十分な時間を確保するには**」では、仕事のストレスを軽減し、より高い目標に向かうために大切な「ゆとり」を得るための、タイムマネジメントの技を伝授する（⬇164ページ）。

◎**秘訣㉔**「**理想の仕事を見つけるには**」では、あなたに最も適した職やキャリアを見つける手順を説明する。なぜ多くの人は理想の仕事に就けないのか、あなたがそうならないためには何をすべきかを、学んでほしい（⬇170ページ）。

◎**秘訣㉕**「**採用面接の前にすべきこと**」では、就職活動というレースでインコースをとり、応募者の群れから頭一つ抜けるための方法を伝授する。手当たり次第に履歴書を送ってもうまくいかない理由もわかるはずだ（➡１７８ページ）。

◎**秘訣㉖**「**採用面接で採用を勝ち取るには**」では、面接官に理想の従業員候補と思わせるための準備と行動を紹介する。また、面接ではどう答えたかよりもあなたからの質問のほうが重視されやすい理由も説明する（➡１８４ページ）。

◎**秘訣㉗**「**絶対に失敗しないために**」では、仕事で得た経験をひとつ残さず活用しながら最終的な目標に近づく段取りを解説する。成功を保証できるやり方などはないが、決して敗者にならないコツならある（➡１９０ページ）。

◎**秘訣㉘**「**もっと前向きに考えるには**」は、やる気と前向きな姿勢を保つためのシンプルなヒントとテクニックだ。うまくいっているときにも状況に変化を起こしたいときにも役立つだろう（➡１９６ページ）。

秘訣22 ——キャリアの安定を得るには

グローバル化とアウトソーシングが進む世界で、**職の安定**など誰も得られない。しかし、雇用主が手離したがらない、そして望めば次の職に簡単に移れるという立場を築くことはできる。私はこれを**キャリアの安定**と呼び、手に入れる方法をここで紹介する。

1．自分を守れる経済状態を確保する

かろうじて食べていける程度の経済状態では、いまの仕事に囚(とら)われているように感じるだろう。仕事を失えばたちまち苦難の日々だ。それでは困るので、キャリアの安定への一歩目として、生活の質を大幅に変えることなく最低6か月は完全無職で暮らしていける経済状態を目指す。

奨学金の返済や住宅ローンなどで手一杯で、この状態を確保するのが難しい人もいることは、十分わかっている。それでも、できる限り条件の良い職に就くため、そして引っ越しや破産などに就職活動を妨げられないためにも、これは大切なことだ。

この経済状態に到達するまでに時間がかかるかもしれないし、ルームメートとの同居、実家暮らし、外食なし、リサイクルショップの活用などをせざるをえないとしても、頑張る価値はある。

2. 代用のきかない人材になる

経済的損失を生む人間を雇う企業などない。あなただって、会社があなたに費やす費用（給料、ボーナス、手数料、福利厚生など）以上の価値をきっと会社に生み出している。代わりの人材を雇う費用を考えてみると、会社にとってのあなたの価値がよくわかるだろう（方法は**秘訣⑤「給与アップを交渉する」**で示している⬇52ページ）。代わりを雇う費用が上がるほど、あなたの立場は強くなる。

会社の業務範囲内で少し変わった専門性を身に付けてみてはどうだろう。会社の成功に継続的に貢献できるようになれば、あなたが置き換えられる可能性は低くなる。企業は次の3種類の専門性を重要視している。

1. 深い専門性

1つ以上の複雑で特殊なスキルに熟達している。たとえばプログラマーなら、あまり有名ではないが重要なプログラミング言語を身につけるのもいいだろう。

2. 幅広い専門性

幅広く多様な役割をこなせる商才を持っている。上司は「ユーティリティープレーヤー」を手放したがらない。同じ業務内容をカバーするには代わりを何人も見つけなければならないからだ。

3. 人間関係ネットワークの専門性

強固な人脈を築くことができ、その人を失うと会社が経済的な損害を被る場合を意味する。たとえば成績トップの営業員が離職するときに、一部の取引先が付いていくかもしれない。

企業ブランディングを担当するマーケティンググループの新人を例にとろう。代わりのきかない人材になるには、次の3つの選択肢がある。

1. 深い専門性
複数のSNSのプラットフォームを駆使してブランドの知名度を上げる方法を徹底的に学ぶ。

2. 幅広い専門性
企業ブランディングの全領域に共通するスキルを磨き、幅広くプロジェクトを引き受ける。

3. 人間関係ネットワークの専門性
技術スタッフや顧客のどちらからも味方と思ってもらえる関係を築く。

勤続25年の製造技術者なら、代わりのきかない人材になるには、次の3つの選択肢がある。

1. 深い専門性
製造現場を動かすソフトウェアについて熟知する社内随一(ずいいち)の人材になる。

2. 幅広い専門性
製造にまつわる技術面全般の管理を担う。

3. 人間関係ネットワークの専門性
サプライチェーン内の他社向けの技術窓口になる。

3. 脱出計画を書き出す

代わりのきかない人材になるのに加え、毎週最低2時間を確保して（あらかじめスケジュールに入れておく！）、新たな繋がりを増やし、関係を深め、業界内のビジネスチャンスを把握する時間にする。

関係の浅い知り合いから深い転職先候補まで、常にいくつか確保しておけるといい。いまの会社の外に選択肢を持つことで、次の4つの強みが生まれる。

1　理不尽な要求に対しノーと言う勇気を持てる。
2　正しいことをするためなら退職の危険を冒すこともいとわなくなる。
3　最終的にはいまの仕事よりも条件の良い仕事を見つけられる可能性がある。
4　自分の真の価値を反映した報酬を臆することなく要求できる。

人間関係や機会を構築しながら、仮に突然職を失ったら何をして誰に連絡を取るかを、脱出計画の形で子細に記す。脱出計画を書き出しておくメリットは3つある。

1　脱出プロセスの可視化に繋がり、いざというときにその計画を実行しやすくなる。
2　仮に失業したら何をしようかと不安になる必要がなくなる。
3　関係を構築した相手の連絡先と開発中のビジネスチャンスを記録する手段となる。

キャリアのどの段階にいても、できれば左のような候補を常に**最低3つ**は確保しておきたい。つまり、A社で働きながら、B社、C社、D社に就職する機会を同時に育てておくのだ。

〔脱出計画の一例〕

転職先候補

・Microfirm

付加価値を提供する方法

・現職でこの会社の製品を使用しているため、顧客の新規開拓に役立つことができる。

連絡先

・ジョン・ドウ（マーケティング部長）、210-555-1543、jd@mycrofirm.net

・ジェーン・エア（システム構築担当）、210-555-1553、je@mycrofirm.net

行動記録

・2012年6月のEDAカンファレンスでジョンと会い、新製品について話した。

・新たな命令セットについて書かれたジェーンのブログにコメントを投稿した。

・2013年7月5日、電話にてジョンとMicrofirm社の今後のニーズについて簡単に話をした。

まとめ｜キャリアの安定

○収入6か月分を
確保できるまで節約する

○解雇されるリスクを
軽減できる専門性を育てる

○新たな機会を常に開拓し、
脱出計画として書き記す

十分な時間を確保するには

「時間が足りない」と誰もがぼやくが、仕事をすべて終わらせたうえでプライベートの時間を確保するのは、実は簡単だ。その秘訣をここで伝授する。

1. 文句を言うのをやめる

皆に毎日同じだけの時間が与えられている。時間が足りない、もっとあればいいのにと感じるかもしれないが、一日は平等に24時間と決まっている。

あなたより時間を多く持つ人などいないのだから、文句はもう言わないこと。文句を言って浪費している時間を何か生産的な活動に使ったほうがいい。

2. 時間を監視する

世間の思い込みとはうらはらに、タイムマネジメントで最も難しいのは行動を変えることではない。行動を監視する勇気と自制心を持つことである。「知は力なり」の実践編だ。

つまり、何に時間を費やしているかがわかれば、無駄な時間を驚くほど簡単に特定できる。気付きを得るだけで、優先事項や省けたり誰かに委任できたりすることを選びやすくなる。

3. パレートの法則を学ぶ

パレートの法則とは、さまざまな場面に応用できる数学的法則だ。「結果の8割は、全行動のうちの2割で生み出している」というものである。タイムマネジメントのカギとなる法則なので覚えておこう。

パレートの法則の最も広く知られた例は、営業部でよくいわれる「売上金額の8割は、全従業員のうちの2割が生み出している」という真実だ。ほかにも実例は無数にあり、富の分配から自然災害の被害までと多岐にわたる。

この法則を逆から見れば、行動の8割は結果のうちわずか2割しか生み出さない、といえる。わかりやすくいおう。実際にとる行動の大半（8割）は、ほぼ時間の無駄なのだ。

4. やることリストに優先順位をつける

タイムマネジメントの仕組みがうまくいかない最大の理由は、本当に重要な2割に入る行動と実はまったく重要でない8割に入る行動を、同等に扱いがちなことだ。そうしないためにも、やることリストを作成するときには必ず優先順位を付ける。要する労力が最も小さいタスクを1、最も大きいタスクを10として、1～10で表す。次に、見込める成果の大きさを同様に1～10で表す。

次に、労力の値を成果の値で割る。その結果が「優先順位」だ。優先順位の値が最も小さいものから着手しよう。たとえばこうだ。

タスク①／出張会議のレポート作成
労力＝10、成果＝2、優先順位＝5（労力を成果で割る、つまり10÷2となるため）
タスク②／マーケティングのプレゼン準備
労力＝4、成果＝4、優先順位＝1
タスク③／委託の件について現顧客に電話
労力＝1、成果＝10、優先順位＝0.1

5．本当に大切な2割のみを行う

パレートの法則を活用するために、先ほどのタスクを次のように並び替える。

タスク③／委託の件について現顧客に電話（優先順位0.1）
タスク②／マーケティングのプレゼン準備（優先順位1）
タスク①／出張会議のレポート作成（優先順位5）

おわかりだろうか？　優先順位5の項目を結局やらなかったとしても、たいしたことはない。おそらく、重要ではない8割の側だ。

なかなか単純だろう。むしろ割り切りすぎだと思うだろうか。しかし私自身の経験から言うと、何ひとつ、本当に文字通り何ひとつとして、この優先順位付け以上に自分の生産性を高めた戦術はなかった。

助言をひとつ。次の２週間の行動予定を書き出してみると、今週のスケジュールの策定や修正に役立つ。つまり、今週必ずすべきことと、来週やさらに先に延ばせることを楽に判断できる。

6．時間の大きな無駄となる行動をとらない

重要なことだけに集中するための最も簡単な方法は、時間を食う割には成果がたいして見込めない活動を行わないようにすることだ。ありがちな例を４つ挙げる。

〈事例①〉知らない人からの電話を取る

テレマーケティングや製品サポートの仕事をしているのではない限り、知らない人からの電話に出る必要などない。最後に本当に重要な電話が唐突にかかってきたのはいったいいつだろうか。何日も前？　何週間も前？　何か月も前？　重要な内容ならメールで送られてくるはずだ。

〈事例②〉ボイスメールを聞く

ボイスメールで届いたメッセージを聞くとなると、メールならば数秒で得られる量の情報を得るのに数分間、聞き直すとなるとさらに数分間かかる。自分はボイスメールを利用しない旨を相手に話し、メールアドレスを伝えよう。これだけでも毎月数時間を節約できる。

〈事例③〉同僚と無駄話をする

勤務時間中ただひたすらコーヒー休憩をして過ごす人がいる。うわべは仕事の話をするためだが、実はただ無駄話をしたいだけで、誰かを探しながら廊下をうろつく。この時間泥棒にあなたの成功の邪魔をさせてはならない。誘われてもただノーと返そう。必要であれば部屋から追い出すくらいの無礼さもいとわずに。

〈事例④〉「通知」に考えごとを邪魔される

本当に重要な2割の行動とは、たとえばクリエイティブなことを行う、重要な相手と話す、複雑な情報を理解するなどだ。しかしパソコンやスマホがピコピコ鳴ってあなたの気を惹くようでは、そのような活動は不可能だ。何の通知であれ、多少は待ってもらってもいいだろう。

まとめ｜タイムマネジメント

○誰にとっても一日は必ず24時間

○何に時間を使っているかを
把握すれば半分勝ったも同然

○行動の2割が
成果の8割を生み出している

○見込める成果と労力をもとに
優先順位を決める

○結果の8割を生む
2割の活動のみを実施する

○やけに時間をとられる
職場の無駄話を避ける

理想の仕事を見つけるには

何となく、もしくは偶然いまの職場を選んだという人は割といる。ちょうど募集されていたからとか、もしかすると消去法で、またはお金が必要で、またはいまのところこの職で十分だと思って、その道に入っている。

理想の仕事を手にするには、運命をただ受け入れるのではなく、計画が必要だ。ただしはっきりと伝えておかねばならないが、本書で紹介した秘訣を実行するために理想の職に就く必要はまるでない。

逆にもし理想の仕事にすでに**就いて**いるなら、理想とはいえない仕事と苦闘している人と比べると、本書の秘訣はいっさい不要とまではいかずとも、あまり参考にならないものもある（面倒な上司や同僚と付き合うコツなど）。

理想の仕事を見つけるまでのステップは6つ。

1. 理想の仕事を思い描く

あちこちのパーティーやカンファレンス、会合で、私は何百人もの人にこう尋ねてきた。「もしどんな職にでも就けるとしたら、何を選びますか？」ほぼ決まって「うーん……わかりませんね……」というような答えが返ってきた。

当然といえばそうだが、自分の理想の仕事の要素がはっきりしていないならば、理想の仕事に就ける可能性はゼロだ。万が一理想の仕事のオファーが来ても、それが理想の仕事だと気付けないからだ。

理想の仕事に就くための最初のステップは、何が理想かを知ることだ。ここでヒントをひとつ。理想の仕事というものは、たいていの場合、あなたが心から興味を惹かれるものや、幸せを感じるものに結びついている。

2. ロールモデルの考え方を取り入れる

「成功する方法」を記した書籍には必ずといっていいほど、ロールモデルを見つけろと書かれている。あいにく、多くの人は失敗が目に見えている方法でロールモデルを参考にしてしまう。ロールモデルが成功したときの**戦略**をただ真似(まね)するのだ。

このアプローチの問題点は、20年前にうまくいった戦略がいまもうまくいくとは限らないという点にある。たとえば映画監督になりたい人が、スティーブン・スピルバーグが取った手段を真似して映画業界に入り込もうとしたとする。映画スタジオに無給のインターン生として出入りするのだ。

ここでの問題はただ1つ、いや2つだ。まず、誰もが同じことを試そうとするだろう。スピルバーグのそのエピソードは有名だからだ。そして2つ目、これがもっと重要な点なのだが、現代の映画スタジオは1970年代当時のスタジオとは管理体制が異なる。セキュリティが強化され、スタジオ内に出入りするのは難しくなっている。

ロールモデルの価値は実行した戦略にあるのではなく、その戦略を思いつくまでの思考プロセスにある。現代のレンズを通して思考プロセスを取り入れてこそ、理想の仕事に就くのに必要なアプローチを生み出せる。

たとえばスピルバーグは、自分は良い映画をつくれるというほぼ誇大妄想のような信念を抱いていた。そして、彼に才能がないと言ってくる周囲の声にいっさい耳を貸さなかった（スピルバーグは映画の専門学校には2度落ちている）。

理想の仕事が映画監督ならスピルバーグの考え方に倣（なら）うべきだ。だが、いまの時代に取るべき戦略となると、スタジオでインターンとして働くよりはインターネットに自作映画を投稿するほうがまだ現実的ではないだろうか。

3. 喜んで代価を支払う

これから何だってやれるとはいえ、何でもかんでもすべてやることはできない。理想の仕事を追い求め、確実にその仕事に就きたいなら、家庭や規則的な生活など何かを犠牲にする必要があるかもしれない。

私が「**かもしれない**」を強調したのは、犠牲は必須ではないからだ。たくさんの人が理想の仕事に就きながらも、家族との時間や趣味などの時間も確保している（私もそのひとりだ）。

もしも理想の仕事に就くために大きな犠牲が必要とならなかったとしても、喜んで対価を差し出す**姿勢**は持っているべきだ。

大切なものを手放すことなく望む場所に到達できれば、それに越したことはない。しかし、大切なものを自分から手放すことができなければ、目的地には到達できないだろう。なぜなら、必要なリスクを冒すことができないのだから。

4. 売り方を身につける

理想の仕事が何であれ、売り方を学ばなければその仕事に就くことはできない。営業のプロになれと言っているわけではない。しかし、売り方がわからなければ、自分自身や自分の考えを売り込むことができないのだ。

たとえばハイテク企業のＣＥＯがあなたの理想の仕事だとする。あなたは自動パン切り機の概念を一新するものすごく革新的なアイデアを持っているが、そのアイデアを売り込めなければ投資家も顧客も才能を持った従業員も惹きつけられない。

自分を売り込む方法を知っていることは武器になる。考えてみてほしい。能力は人並みだが売り方を知っている従業員は、素晴らしい能力を持つが売り方を知らない従業員に**常に**勝る。そして素晴らしい能力を持ち、売り方も身につけた従業員は**最強**と言っても過言ではない。

理想の仕事探しでは、自分自身と自分の能力の売り込みは避けて通れない。どのキャリアをとっても、成功とは、自分が提供するサービスの価値を常に売り込み続けることを意味する。たとえばピカソは才能ある芸術家だったが、同じくらい高い自己ＰＲ能力をも持ち合わせていた。

5. 計画を立てて何度も行動する

あらゆる「成功の方程式」は、

(1)自分の現在地を知ること
(2)目的地を知ること
(3)現在地から目的地に移動する計画を立てること

から始まる。つまり、次に必要なのは計画だ。早速立ててみよう。

計画はたとえば、初対面の相手と会う、新しいことをする、新しいことを学ぶなどで、具体的には自分の立場、現在地、目的地によって異なる。

ステップ2「ロールモデルの考え方を手に入れる」に真面目に従って、考え方は身に付いたとしても、完璧な計画など立てられはしないのだから、はじめは失敗するだろう。うまくいけば前進はできるかもしれないが。

だからといって怖がって行動を起こさないわけにもいかない。むしろ、できる限り頻繁に行動すると、計画のどの部分がうまくいきそうでどの部分に調整が必要かを最速で学ぶことができる。

人間は計画を立ててもきっちりと実行しないというのが悲しき真実だ。自信のない控えめな行動もよくない。普通の人が計画を実現するために2つのことを実行するとしたら、あなたは20個実行すべきだ。もしくは30個。

最近私が会って話をした2人の男性を例に挙げよう。

2人はSF小説を書いて生計を立てたいという理想をかねてから持っていた。2人の才能は同程度だったが、1人は小さな出版社1社に原稿を送って6か月間待った。もう1人は小さな出版社10社以上、さらに10社以上のエージェントにも原稿を送った。

どちらの男性が作家デビューを果たしたか、おわかりだろう。

6. 結果に基づいて計画を修正する

計画に沿った行動をいくつも取ってみたなら、理想の仕事に就けないのは取組みが足りなかったからだという言い訳はできなくなる。何度も行動したおかげで、目的地に到達できないときには計画を見直すという考えが生まれる。

つまり行動して何かを学んだおかげで、苦労して手に入れた経験をもとにさらにブラッシュアップされた計画を立て直せる。うまくいかないやり方がわかったということは大きな収穫であり、新しい計画の成功率はぐっと高くなるだろう。

その理想の仕事が自分に適していると直観的に確信しているならば、またその仕事に就くためならどんな犠牲もいとわないと心から思うならば、きっと道は見つかるだろう。実はそのくらい単純なのだ。

また、いろいろなことを学ぶにつれ、理想が進化したり変化したりすることにも気付くだろう。やっとのことで理想の仕事に就いた後で、それが思い描いたり望んだりしたものとは違ったと悟ることすらあるかもしれない。

だから照準を合わせるのが大切とはいうが、興味関心のある2分野以上を探求してみてもいい。スキルが増えただけで終わったとしても、損にはならない。

一時期の私の理想の仕事はプロのロックミュージシャンだった。現在はそのキャリアにはまったくもって興味はないが、若い頃にその目標を追いかけた経験が、人前での度胸、サービスを売る方法、共に成果を上げられるチームの構築方法など、大切なことを教えてくれた。どのスキルも、私のキャリアの端々で大いに役立ってきた。

まとめ｜理想の仕事

◯自分の理想の仕事の
条件を把握する

◯ロールモデルを見つけ、
その人の考え方を取り入れる

◯安定を捨てる勇気を持つ

◯売り方を身につけることが最重要

◯計画を立てて
今日から実行を始める

◯自分について学びを得ながら
計画を修正する

秘訣25 採用面接の前にすべきこと

採用面接は典型的な営業の場である。あなたが提供するものと顧客（この場合は雇用主）のニーズを合致させることが目標だ。ここでコツを伝授する。

1．可能であれば職務内容を自ら提案する

採用面接で最高の結果を得るために必要なのは、面接先の会社が新規顧客を得たり、新規市場に参入したり、コストを削減したりするために自分がどう役に立てるかを、自分から提案することだ。

そのためには面接を受けたい会社、その顧客、競合他社についてインターネットを使って調査する。可能であれば、その会社で働く人に個別に連絡を取り、会社のニーズについて理解を深める。

だがこの秘訣㉕は、すでに存在する職務に空きがあるとウェブサイトに掲載されており、あなたがそれに応募するという状況を想定して進める。次からのステップに従うと、採用面接に呼ばれる可能性が高まるはずだ。

2. 可能であれば紹介者を通す

秘訣㉕のゴールは、実際に意思決定を担う人物、ひいてはあなたの将来の上司となるかもしれない人物との面接に漕ぎつけることだ。できれば門番（普通は人事部がその役割を担う）を避けて通ったほうが、その確率は上がる。

もし社内に知り合いがいて連絡先を知っており、その人に信頼されているようなら、意思決定を担う人物に直接自分を推薦してもらえないか頼んでみよう。

いってしまえば、履歴書に頼るのは一から採用面接を受ける以外に方法がない場合のみ。それ以外は、目星をつけた相手に宛てて手紙やメールを用意するか、直接その人に会うほうが**絶対に**いいだろう。

3. 履歴書は応募先ごとに書き換える

履歴書とは、応募者の学歴と職歴を見て雇うかどうかを会社側が評価できるようにするためのもの？　いや、違う。履歴書とは、あなたの採用面接を行う価値があると会社側に確信させるための販売資料だ。

あなたがどこで何をしてきたかを、会社側は実はたいして気にかけていない。重視するのは、**会社のために、いま、そして今後あなたに何ができるか**である。したがって一般的な販売資料と同様に、履歴書は**自分のためではなく顧客のために書くもの**だ。この点はいくら強調してもしたりない。

面接先の会社の気を惹く小技として、あたりさわりのない内容の履歴書に相手宛ての添え状を添付するといいと思い込んでいる人がいる。そんな人たちに告げたい。それでは**不採用**だ。

「何十通も履歴書を出したのに、どこも採用面接まで進まない」と嘆く声を耳にしたことが何度あるだろうか。これがよくある話なのは、あたりさわりのない内容の履歴書は、相手の会社のニーズと合致する可能性が非常に低いからである。

応募する会社と職種に合わせてカスタマイズされた履歴書ならば、一次審査を通過して採用担当者の目に留まり、面接に呼ばれる可能性をぐっと上げてくれるだろう。

4. ジョブ・ディスクリプションに倣って「人物像」を書く

人事部（および人事部が使う履歴書自動審査プログラム）は、ジョブ・ディスクリプション（職務内容記述書）に沿わない履歴書を自動的に排除する。だから書類審査を通過するには、会社の求人広告にある言葉を履歴書内でそのまま繰り返す必要がある。

たとえば、次のような広告が出ていたとする。

ＡＢＣソフトウェアは専任の外勤営業員として勤務する、意欲的で勤勉な人材を募集しています。実業務において新案と改善案を提案し、あらゆる状況下で公正で道徳的かつ敬意を持った行動を取り、個人としてもチームの一員としても良い働きのできる人材を求めています。

この場合、履歴書の1行目（氏名のすぐ後）には次のように書くべきだ。

意欲的で勤勉、道徳的な性格であると自負しています。個人として、またチームの一員として活動する専任の外勤営業員の職を希望しています。

こびているわけではない。多くの企業でのお決まりの作業は、履歴書検索ソフトを使って正しい「呪文」を含まない履歴書を排除することなのだ。

5. 経歴ではなくもたらした利益を明記する

履歴書で大切なのは過去の職歴ではなく、過去の勤務先に提供した価値（もしくは学業経験）であり、採用担当者はこれを自社に提供してもらえる価値へと変換して考える。例を挙げよう。

〈履歴書の悪い記述例〉

2002～2007年。A社の製造ラインマネージャー。部品製造ラインで従業員10人を統括。「最高品質」賞を受賞。

〈履歴書の良い記述例〉

A社に品質管理プログラムを導入して賞を受賞し、部品製造量を25％増加させた。

6. 重要なポイントを網羅する

ジョブ・ディスクリプションを読んでその会社が重要視している要素を見つけよう。その要素にできる限り多く合致するように意識しながら、自分の経験や学んできたことをもとに、会社にもたらすことのできる利益を明示する。

どう見ても明らかにその職に不適任な場合（たとえば5年間の経験が要求されているがあなたは新卒）は、履歴書を書いて応募するのは時間の無駄だ。その会社にすでに知り合いがいるか、または採用担当者に直接紹介してもらわない限り、そこへの就職は無理だろう。

まとめ｜採用面接の前に

○可能であれば、
自分から職務内容を提案する

○可能であれば、
現職の従業員に推薦してもらう

○ジョブ・ディスクリプションに
沿った履歴書をつくる

○狙う職務に合った「人物像」を描く

○過去の職場への貢献を
具体的に説明する

○ジョブ・ディスクリプション内の
言葉に倣って、
もたらせる利益を書く

採用面接で採用を勝ち取るには

採用面接について考えるだけで落ち着かない気持ちになる人は多いだろう。採用されようと努力する一方で、さまざまな感情と格闘することになる。悪い結果に備えて心の準備をしたり、採用されたとして本当にそこで働いて幸せだろうかと疑問に思ったり。

ここで紹介するコツに従えば、そんな状態から抜け出して採用面接を楽しめるようになるだろう。

1. 他の選択肢を持つ

採用面接を受けることが決まったら、同時に進めていたほかの就職活動をすべて脇によけて、その面接に徹底的に集中したい衝動に駆られるのも当然だろう。これは大きな過ちだ。なぜなら、この仕事に何としても就かなければとむきになるのは、いちばん避けたいからだ。

採用面接が予定に入ったとしても、選択肢を多く持つために就職活動は変わらず進めるべきだ。目の前の1つの面接だけに自分を閉じ込めるのではなく、面接まで漕ぎつけたという事実を自信に変えて、さらに多くの面接の機会を得られるようにしよう。

2. 会社について調査する

（ほぼないだろうが）その面接が偶然転がり込んだわけでもない限り、面接に漕ぎつけるためにあなたはその会社についてすでに下調べを行ったはずだ。ここではもう一歩踏み込んだ調査を行う。

面接を受ける予定の事業分野の主要な幹部を見つけて名前を覚え、彼らの経歴も多少頭に入れておく。可能であれば、ソーシャルネットワークでの繋がりを活かして、社内からの視点で話をしてくれる人と事前に面会できるといい。

その会社の業界と主要な顧客に関して実用的な知識を得よう。株式公開している会社なら、SEC.gov（米・証券取引委員会のウェブサイト）で最新の四半期決算資料を閲覧する。最近のニュース記事を探してみるのもいい。また、その会社の従業員について知れば知るほど、自分が提供できる価値を明確にイメージできるという点では、LinkedIn も有効だ。

3. よく練った質問を用意する

採用面接とはあなたが会社に面接されるもの、というのはよくある間違った考えだ。これは真実の片面にすぎない。その会社が**自分に**適しているかを判断するために、あなたもまた会社とそこで働く人々を面接するのだ。

調査した内容を踏まえて質問を3つ考え、会社の成功にどう貢献できるかを明確にイメージする手がかりにする。たとえば Unix の経験を持つプログラマーなら、Unix の具体的な使用事例について尋ねてもいい。その質問をきっかけに始まる会話で、あなたがなぜ貴重な人材かを採用担当者に理解させるのが目的だ。

言うまでもないだろうが、会社があなたに何をしてくれるかではなく、あなたが会社にどう貢献できるかという方向に話を進められる質問を選ぶこと。

〈面接での会社への質問・悪い例〉

「どのような休暇がありますか？」

「保健制度には歯科での治療費も含まれますか？」

〈面接での会社への質問・悪い例〉

「御社は自動車業界での販売を拡大していく意向だと理解しています。大衆向け電子製品のマーケティング業界での私の経験は、自動車業界での成功にどのように役立てられるか、ご意見を伺えますか？」

「ジョブ・ディスクリプションに明示されていること以外に、この仕事で成果を出すために最も重要な特性は何ですか？」

4. 定型質問への回答を練習する

「あなたの最大の強みは？」など決まりきった質問をする義務を感じている面接担当者は多い。定型質問への回答準備に役立つウェブサイトはたくさんある。読んで回答を練習しておこう。

ここでひとつ警告を。型にはまった質問をする面接官のいる会社は、体質が古く、お役所仕事をしがちな傾向がある。あなたが創造性に欠ける仕事に耐えられないタイプなら、こういった質問を警告と受け止めて、別の職場を探したほうがいいかもしれない。

一般的には、定型質問はあなたの経験をアピールする機会となる。会社のニーズを満たしたり、リスクを回避したり、ビジネスチャンスを有効活用したりするのにあなたの経験がどう役立つかを答えよう。

注意事項が2つある。

1 前の会社の上司が超がつくほどの馬鹿ばかりであったとしても、絶対に悪口は言わないこと。私が以前目にしたある履歴書には、過去に働いた会社の「馬鹿な人々」に関する文句が並べられていた。当然ながら、その人はひとつも採用通知をもらえなかった。

2 希望する給与額を提示する必要があるときは、幅を広く持たせ、職務に伴う責任の重さにしたがって決定されると理解している旨をはっきりと伝える。できれば**会社側に**最初の給与額提案をさせたいところだ。

5. 適切な装いで早めに到着する

服装は、面接を受ける会社の幹部に合わせる。たとえばカリフォルニアのハイテク企業の採用面接を受ける男性であれば、Dockers〔訳注：リーバイスのカジュアルブランド〕の清潔なチノパンに質の良いポロシャツ、そして高級なスニーカーを選ぶといい。スーツを着て行ってはダサく見えるだろう。反対に、ニューヨーク市の金融サービス業の面接を受けるなら、何十万もするように見えるスーツでキメて行くほうが勝算は上がる。たとえ初歩的な業務に応募するのだとしてもだ。

適切な装いがわからなければ、その会社で働く人に尋ねる。それが現実的ではないなら、事前にその会社を偵察してみよう。玄関口の近辺や駐車場の目立たない場所へ行き、従業員の服装を見てみる。

早めに、でも早すぎずに到着するコツは、約束の時間の1時間前に着くように出発することだ。目的地の近くに着いたらどこか居心地の良い場所を見つけて待ち、肩の力を抜き、そして約束の10分前に会社に着く。

ここまでのアドバイスはどれも、面接を快適にこなすためのコツであり、むきになってやる必要はない。それでは命取りだ。

いざ面接が始まったら、自分は会社やその従業員について、そして自分自身について何かを学びに来たのだと思おう。好奇心はあらゆる営業シーンで、それも自分を売り込む場面には特に、「背中を押してくれる感情」となる。

6. 最後までやり抜き、決断する

面接が終わったら面接官にお礼のメールを送る。面接という経験を前向きに捉え、おおげさにはならないように。会社に雇ってもらうのではなく、あなたが仕事を引き受けて会社の役に立つのだと思わせたい。

面接を終えて、本当にその会社で働きたいか確信が持てなくなったと感じるかもしれない。その感情は無視しよう。もし不採用となった場合に落胆しすぎないようにそう感じているだけかもしれない。

最後までやり抜いたら、その仕事に就くかは採用通知をもらった後で考えよう。それまでは、少なくとも面接スキルを上げられたという事実を強みにして就職活動を続ける。

まとめ｜採用面接

◯卵全部をひとつのかごに入れず、
リスク分散を

◯会社について
できる限りの下調べをする

◯下調べをしたと伝わる質問を
用意する

◯定型質問への回答を練習する

◯その会社で働く人が着るものを
着る。遅刻しない

◯採用通知を得た後に、
本当に就職するかを決める

絶対に失敗しないために

私が思うに、成功するためのノウハウはあまりに多く世に出ている。ならば私は、どのような思考回路を持てば失敗を回避できるかについて書こうと思う。次のとおりだ。

1. 達成可能かつ刺激になる目標を立てる

いつか目標を達成できると信じられなければ、達成のための行動を取らないだろう。したがって目標を立てるなら、必ず実現可能な範疇にある、現実的な行動と結びつく目標にする必要がある。

また、行動する意欲が湧くような、やる気の出るものがいい。たとえば「少し痩せる」は達成可能ではあるが、あまりやる気には繋がらない。「理想体重である77kgまで痩せて、それを維持する」なら達成可能でありつつイメージが湧いてやる気も出る。

原則として、目標は高めにしたほうがやる気が出る。（心の底で）どうせ無理だと思ってしまわない程度に高い目標にしよう。自分には高すぎると思っても、意外に達成できるものだ。

2. 文字にして意欲に繋げる

ただ口にするのは簡単だが、文字に起こさない目標は妄想でしかない。ここでいう「文字に起こす」はパソコンやタブレットに入力することではない。自分の手で、鉛筆ではなくペンを持って紙に書くことを意味する。

時間をかけて実際に文字を書くと、文字のキーを叩くよりも、その目標の大切さと特別さが潜在意識下で脳に伝わる。文字を打ち込んだメールを自分に送るという、一瞬で作成できて一瞬で忘れるものとは違う。

さらに、目標は複数回書くといい。書くための時間を可能な限り何度も取る。

熱意をいっそう高めるには、目標達成に繋がる活動やイベントを利用するといい。たとえば、身体をまずひきしめないと完走できないだろうチャリティーマラソンに出場登録してしまうなど。

3. 目標達成しなければならないと腹を決める

目標がしっかりと頭に入ったら、次は行動に移す番だ。ここで重要なのは、最後にはきっと達成できるだろうという自信を持ってひとつひとつの行動に取り組むことだ。そのためにも自分の頭の中での独り言を有効活用してほしい。

目標達成に繋がるタスクを前にして、「○○を試してみよう」と言ってはならない。この言い方で、自分に失敗する許可を出しているからだ。代わりに「○○をやる!」または「○○をやらなければ!」のような言葉にしよう。いまは自分を甘やかさないでおく。

100%全力で取り組み続ける以外に、大きな目標を達成する道はない。だから、もしあなたが心から成功を望むなら、諦めるという考えはきれいに捨て去ろう。やら**ねばならない**となれば、最後には目標に到達できるだろう。

4. 測定可能なマイルストーンを敷く

大きな目標は、もう少し小さな塊やマイルストーンに切り分けると達成しやすくなる。マイルストーンを1つ通過するごとに自信がつき、やる気が高まり、勢いも生まれる。

マイルストーンという言葉は、道路上で距離を示す目印の石から来ている。この言葉が長く使われてきたのは、何か定量化できるものを測るという考え方が非常に重要であるためだ。

達成したかどうかがはっきりとわかるように、マイルストーンは必ず具体的にする必要がある。

〈悪いマイルストーンの一例〉

「専門分野内の知り合いを増やす」

〈良いマイルストーンの一例〉

「同じ専門分野内の10人の専門家と会話をする」

5. 進捗を管理する

毎日目標を確認し、大切なことを忘れないようにしよう。洗面所の鏡やパソコンのデスクトップ背景、車のダッシュボードに目標を書いたメモを貼り付ける。

ただ日々の雑務と仕事に流されるのではなく、メールやカレンダーのリマインダーを設定して目標達成への意識を常に保とう。テクノロジーを、気を散らすのではなく意識を高めるために使うといい。

すでに達成したことは記録に残そう。自信を失ったり確信が持てなくなったりしたときにそれを見返すことができる。記録は即席の自信製造機となり、良い面に目を向けさせてくれる。

6. つまずきを合図と捉える

つまずきとは、あなたの目標達成を妨げる何かをいう。ほとんどの人はつまずきを小さな失敗と捉え、目標を諦める言い訳に使うことも多い。それゆえに失敗する。

成功を収めた人間は皆つまずいた経験を持つが、何がうまくいかないかを知ることは、何がうまくいくかを学ぶうえで必要不可欠である。つまずきは、あなたが前進しているしるしだ。

つまずきを、目標へのアプローチ方法を変えるべきかもしれない合図と捉えたらどうだろう。ある行動の結果つまずいてばかりなら、違う行動を検討する。必要に応じてこれを繰り返す。

7. 失敗とは「行動を起こさないこと」だと定義しなおす

ここが最重要だ。実はここまでのステップは、基礎固めにすぎない。考えてみてほしい。あなたの目標やマイルストーンが何であれ、あなたは自分の行動以外は何ひとつとしてコントロールできないのだ。

失敗とは「行動を起こさないこと」だと定義しなおすことで、失敗が、それにともない成功も、自分のコントロール下に入る。真の失敗が行動を起こさないことであるなら、あなたが行動を起こし続ける限り失敗することはない。

では、最悪のシナリオとは何だろうか？　それは目標を達成する前に死ぬことだ。ただそうなったとしても、あなたは成功したと言えるだろう。**行動を起こさないことを失敗と呼ぶならば、目標達成のために行動しているときのあなたは成功している**のだから。

まとめ｜絶対に失敗しない

○達成可能で
意欲を高めてくれる目標を立てる

○目標は必ず紙に書き出し、
目につく場所に置く

○「これを試してみよう」ではなく、
「これをしなくては」や「これをする」と
言って決断する

○大きな目標を、測定可能な
小さなマイルストーンに分解する

○目標に近づいているか
遠ざかっているかを把握する

○つまずきは
計画の強化に繋がるので歓迎する

○唯一の真の失敗とは、
行動を起こさないこと

もっと前向きに考えるには

本当に成功したいなら、前向きな気持ちをつくり出して維持することがとても大切だ。前向きで、期待を持った熱意ある姿勢で取り組めば、チャンスは増えて問題は減る。では、そんな心構えを持つには、どうすればいいのだろうか。

1. 一日のはじまりに期待を持つ

仕事や日常生活で経験することは、良いことも悪いことも、基本的には自分の予測の範囲内だ。だからベッドから起き上がるときにまず「今日は何かいいことがある」と考えてほしい。

ここには大切な教訓がある。気持ちというのは出来事に支配されてはいない。本当に悲しいことが起きたとき、その悲しい気持ちは出来事そのものではなく、その人が世界をどのように見ているかに起因する。

たしかに、日々の出来事は思いどおりには進まないかもしれない。それでも何かいいことが起きるだろうと探し続ければ、自分の期待を満たすものを見つけられるだろう。

2. 他人の行動の裏には良い理由があると想定する

他人の「行動」の裏にある本当の「理由」を知るのは不可能だ。理解に苦しむ行動を取られ、その裏には悪意があるはずだと考えても苦痛は増すばかり。だが良い意図があると考えられたら、和解への道が拓かれる。

人の心は読めないし、皆がうそ発見器に繋がれているわけでもない。他人が心の奥底で何を思っているか、なぜその行動を取るのかなんて、いっさいわからない。結局、人間は自分のできる範囲で考えて、できる限りのことをしているだけなのに。

誰かについての話をつくったり、うわさ話をしたりする前に、自分自身に次を問いかけてほしい。

(1) それは真実か?
(2) 思いやりがあるか?
(3) その話は必要か?
(4) 自分について似たような話を誰かにされて嬉しいか?

そのうえで、自分が扱われたいように他人を扱うこと。

3. 気の滅入(めい)る会話は避ける

経済、会社、顧客に関する愚痴を言うのはやめよう。個人的な問題や病気に関するものもだ。自分や周りの人間の気を滅入らせる以外に何が得られるだろうか。

同じように、宗教や政治など誰かが不愉快と感じる話題で議論するのも、無駄だ。そのような話題があがったら、「同意するしないではなく、いまここでするべき議論じゃないから」と言って、会話から抜けよう。闘う価値すらない口論もあるし、自分が議論に勝ったと認識したとたんにおとなしくなる人も多い。重要なのは「勝つ」ことではなく、あなたや相手が口論の後に何をするかだ。

4. 結果に執着しない

幸せの強敵は不安であり、不安は自分の支配下におけない出来事に意識を向けることで生まれる。いったん自分がしたことに対してそれ以上に何かできることはあまりない。何が起きるだろうかと空想を広げて不安になるよりも、目の前にある仕事に集中しよう。

宇宙の本質は、変化だ。変わらずにとどまるものなどない。「万物は流転する」と賢人たちも言うではないか。大きな喜びも深い悲しみもそのあいだにあるさまざまな感情も、すべては過ぎ去る。

覚えておいてほしいのは、もとから酷い職場環境だったとしても、そこでずっと不幸を感じ続けているのなら、それは自分の責任だ。自分のためにも同僚のためにも、自分が幸せを感じられる仕事を探すか、いまの仕事で精いっぱいの成果を出すしかない。

5. 生活の質を上げる

何かをやり続けるため、走り続けるために、食べ物を胃に流し込むように食事を済ませざるを得ないときもある。そうだとしても一日最低1回は、良質なチーズや輸入チョコレートをひとかけらなど、何かとても美味しいものを食べるようにしよう。集中し、味わって食べる。

それに加えて多くの家では、ＢＧＭ代わりにテレビをつけっぱなしにするそうだ。だが、現実の生活に物足りなさを生み出すことがテレビ番組の狙いだ。作業中に何か音が欲しいなら、オーディオブックを流してはどうだろうか。

最後に、家の中とオフィスを見渡してみて有用でもなく美しくもないものはすべて処分する。役に立たない醜いもので生活や環境を汚染したくはないはずだ。

6. 感謝を示す

日々の成功や達成は、大小にかかわらず認められるべきだ。よくやった、と自分の背中をぽんと叩いてやるだけでもいい。称賛なしに次のタスクや目標に移るのはよくない。

同様に、顔を合わせるすべての相手に感謝を示そう。微笑み、励ましの言葉、礼儀正しい振る舞い、または親しみを込めた頷きでもいい。自分のためのどんなに小さな行為にも「ありがとう」を必ず言う。

そして毎晩寝る前に、その日起きた嬉しい出来事を1つ以上書き出す。子どもを笑わせたという小さなものから、１００万ドルの契約を獲得したという大きなものまで何だっていい。二度とないその日に感謝の気持ちを持とう。

7. 未来に目を向ける

過去の失敗や過ちに意識を向けるのは、バックミラーを見ながら運転するようなものだ。何かに衝突するまでただひたすらやみくもに進み続けることになる。

過去から学ぶことはできるし、そうするべきではあるが、意識は未来に向けること。どうすればもっと良くなるだろうかと空想する。とりとめなく考えごとをするときにこそ、未来をつくるアイデアが生まれやすい。

何よりも、最高のときはまだ来ていないと信じることだ。私の祖母は70歳を過ぎて大学に入り、ユースホステルを渡り歩いてヨーロッパ中を旅行し、日本画を学んだ。祖母の最後の言葉はこうだった。

「あのねジョファー、人生は90歳からが本番よ」。

まとめ｜前向きに考える

○毎日素晴らしいことが起きると
予想する

○相手の裏を読もうとしない。
自分が扱われたいように他人を扱う

○変えられないことに対して
無駄な議論をしない

○結果ばかりを求めずに、
目の前の仕事に集中する

○生活のなかにある喜びを
上手に管理する

○日常と、自分や他人の成果の
ひとつひとつに感謝する

○最高のときはまだ来ていないと信じる

PART V

コミュニケーションのコツ

ビジネスの場において、コミュニケーションはただ重要なだけではない。ビジネスの核そのものだ。ひとりひとりが個別にした仕事を誰も知らなければ、その仕事に意味は生まれない。

マネジメントとはコミュニケーション、販売とはコミュニケーション、マーケティングとはコミュニケーション。重要視されているのだから、ビジネスパーソンはコミュニケーションに長けているはずだと思うかもしれない。だが実際はそうでもない。

ビジネスの世界は、膨大にふくれあがった文書や難解なメール、要領を得ない会話や退屈な会議にあふれている。ありがたいことに、このPARTVを読めばわかるとおり、ビジネスはそうである必要はない。

◎**秘訣㉙**「**ビジネスコミュニケーションの5つのルール**」では、面と向かって、または電話やインターネット経由のコミュニケーションに共通する、自分を理解してもらうためのポイントを紹介する（➡206ページ）。

◎**秘訣㉚**「**有意義な会話をする**」では、他人が言おうとしていることをしっかりと理解する方法、そしてあなたが望むほうへと会話を導く方法を紹介する（➡214ページ）。

◎**秘訣㉛**「**説得力のあるメールを書く**」では、簡潔で読みやすい文章を書く手順を教える。あなたが望む結論を相手に理解してもらい、その方向へと導くメールを目指す（⬇218ページ）。
◎**秘訣㉜**「**記憶に残るプレゼンテーションを行う**」では、あなたの声とアイデアを活用して聞き手に思いを届ける方法を伝授する。プレゼンテーションの効果を高めるための重要なルールもまとめた（⬇224ページ）。
◎**秘訣㉝**「**コネクションをつくるには**」では、カンファレンスや会議、交流イベントなどの場で、厚かましい印象を与えずに、場に合ったやり方でコネクションを築く技を解説する（⬇234ページ）。
◎**秘訣㉞**「**交渉ごとを行うには**」では、相手に差し出すものの見返りとして、希望のものを手に入れるコツを述べる。給与額の交渉から数百万ドル規模の契約交渉まで、あらゆる交渉ごとに使える秘訣だ（⬇240ページ）。
◎**秘訣㉟**「**恐怖のメールへの対処法**」では、誰も受け取りたいと思わない3種類のメールを挙げ、自分の信用を守りつつ計画を前に進められる返信テクニックを伝授する（⬇246ページ）。

秘訣29 ――ビジネスコミュニケーションの5つのルール

ビジネスコミュニケーションとは基本的にはお粗末なものばかりだ。くだらないやりとりが続く社内メールに、死ぬほど退屈なプレゼンテーション、始まりも終わりもない会話、魅力が伝わらずに顧客が困惑するばかりの宣伝文句。

どんな組織でも、本物のリーダーとは、明確なコミュニケーションに長け、複雑なものを単純に見せ、単純なものを当然のものに見せられる人物だ。

ここで紹介する5つのルールは**ありとあらゆる**ビジネスコミュニケーションに当てはまる。よく読み込んで実践し、頭の中の道具箱に加えてほしい。

1. コミュニケーションの裏にある目的を正確に示す

コミュニケーションとは目的を持った情報だ。したがってコミュニケーションの目的が明確であるときにのみ、コミュニケーションはうまくいく。

そこで、職場でコミュニケーションを始める前に、必ず次の3つを自問自答してほしい。

1　どのような結論を欲しているのか？
2　それは誰に裁量権があるのか？
3　その人に伝えるのはいまが適切なときか？

この質問への答えが明確であればあるほど、コミュニケーションも明確なものとなる。

2. 裁量権を持つ人にとって便利な手段を選ぶ

「メディアはメッセージである」というのは20世紀に有名になった言葉だ。人間がメディア漬けとなった現代では、もう真実とは言えないだろう。現代のメディアに求められているのは「透明」であること。裁量権を持つ人が意思決定に集中できるようにだ。

裁量権を持つ相手に情報を伝えるときには、精神的、感情的な労力をできる限り求めずに済む手段をいつも選ぶようにしよう。

たとえば、決裁が必要な内容がチャットやメールでのやりとりでこと足りるなら、直接顔を合わせる会議を要求してはいけない。逆に、顔を合わせて交渉する必要があるときは、メールで代用してはならない。

悪い知らせを伝えるときなど自分が気詰まりな思いをしないためにメールを使うとしたら、それは相手のニーズよりも自分のニーズを優先していることになる。

3. 文章や言葉を簡潔にする

簡潔な言葉のほうがうまくいくときにやたら難しい言葉を使わなくていい。そんなことをしなくても、仕事で使う言葉はすでに十分ややこしい。無作為に選んだプレスリリースから実例を挙げる。

〈**悪いプレスリリースの一例**〉

「A社は中小規模ビジネス向けに、移動車両の追跡／管理／自動化を行うGPSインテリジェンスを提供しています。A社提供のデータと指標の利用により、中小企業はサービス車両の調整を目的とした可視性と実利的な情報を手に入れ、顧客満足度と純利益の底上げを実現できます」

〈**著者が書き直したもの**〉

「A社のサービスで稼働中のトラックの位置情報を追跡し、それをもとに顧客はトラックの現在地を把握して、目的地をトラックに伝えることができます。このサービスでは車両サイズを上げることなく顧客数を増やせるため、コスト削減も見込めます」

1つ目の文章を読んだ見込み客は、いったい何が売られているのか理解に苦しむことになる。「GPSインテリジェンス」とは？「追跡／管理／自動化」とは？ 1つ目の文章は、解読不能であること以上に、どうにか解読しなくては仕事が進まないことのほうが問題だ。

対照的に2つ目の文章では、何が売られていて、見込み客にとってなぜそれが重要かが簡潔に書かれている。ただ、1つ目の文章はこれでもプレスリリースとしては良いほうだと強調しておく。もっと入り組んだ難解な文章を私はたくさん目にしてきた。

コミュニケーションを簡潔にするコツは、**話すように書く**ことだ。私の経験上、ほぼ**すべて**の人は明快に書くよりも明快に話すほうを得意とする。何かを書く必要が出てきたときは、次の手順を試してほしい。

1　携帯電話、タブレット、パソコンの「録音」機能を使う。
2　同僚に話しているところを想像する。
3　目的を念頭に置きつつ、言いたいことを言う。
4　録音内容を再生して文字に起こす。
5　うっかり使ってしまった業界用語や専門用語を修正する。

これを何度か行えば、頭の中で「録音ボタンを押して」自分の話を聞けるようになるだろう。ゆくゆくは無意識にできるようになる。

4. ビジネス常套句(じょうとうく)を簡潔な言葉に置き換える

ビジネス常套句やバズワード〔訳注：それらしく聞こえるが実は曖昧な専門用語〕、業界用語を文章に散りばめれば、より能率的で深みのあるコミュニケーションになると多くの社会人が信じている。なんとも判断力に欠けるものだ。

たとえばハイテク業界のマーケティング資料では、商品説明に「最先端」「業界トップ」「第三世代」「第四世代」「最新型」「最新鋭」「2.0」「次世代型」などの言葉がたびたび登場するが、どの単語にもほとんど意味はない。商品をより刺激的に見せるどころか、業界用語を使った人を（良くて）創意工夫に欠ける人間、（悪くて）頭が悪い人間に見せてしまう。

また、コミュニケーションをビジネス常套句でふくらませると、意思決定の速度は落ちる。次の例は、実在のビジネス文書だ。

〈悪いビジネス文書の一例〉

「社外への意識を高めるには、アウトプットを重視、最適化、調整した最終業績の責任を担う関係者が共通の重点／目標を持ち、販売サイクルを中心に据えた率先したアプローチで高次の能力への投資を行い、成果物を販売チームに丸投げすることなく好成績を確信するような社内での協力関係を築いて、社内外の両方（返答する必要のある顧客の顧客と内部提携）を注視する必要がある」

〈著者が書き直したもの〉

「販売トレーニングが本当に効果的であったかを確認するには、売上収益の効果を測定する必要がある」

ビジネス関連の全バズワードをここに山のようにリストアップしてもいいのだが、あまりに大量なうえ毎年新作が出るので、不毛な作業になりそうだ。代わりに「ビジネス　流行語　一覧」と検索してみてもらえないだろうか。避けるべき用語がたくさん見つかるだろう。

5. 技術的な専門用語を平易な言葉に置き換える

このルールは、専門家が専門家以外の相手とコミュニケーションを取るときにのみ適用する。専門家同士でコミュニケーションを取るときには専門用語は有効だ。双方がすでに知っていることの説明がいらないのでコミュニケーションがものすごくはかどる。

ところが専門家でない相手は、専門用語が多いとあなたの話を理解できず、あなたが望む結論になかなか辿り着けないだろう。専門外の相手に何かを伝えたいなら、専門用語を一般的に理解されている言葉に置き換えよう。

〈悪いプレスリリースの一例〉

「24ナノメートルのときには電磁波障害は軽微だが、12ナノメートルになると重大になると予測される」

〈良いプレスリリースの一例〉

「毛髪の直径の8000分の1サイズの電子部品──つまり現代の電子部品の半分の大きさ──が入ったコンピューターチップの信頼性は、低くなるだろう。なぜか？　電子部品に流れる電流が隣の部品に流れる電流と干渉しあう可能性があるからだ。電子レンジの前に立って携帯電話をかけるとパチパチと音が鳴るのと同じである」

同じ考えを表現するのでも、技術的な専門用語ではなく誰もが理解しやすい言葉を使うと、話は長くなりやすいと心得ておこう。専門分野の「外に出て」、専門外の人が話題に対しどうアプローチして、どのように理解するかを想像しなければならないため、いっそうの思考力と努力も要求される。それでも専門外の相手に自分を本当に理解してほしいのであれば、余分に努力をする価値はある。

まとめ｜明快なビジネスコミュニケーション

○コミュニケーションを取る理由を
　常に念頭に置く

○相手に適した手段を選ぶ

○相手を消耗させないためにも
　伝えたいことは簡潔に

○社内用語やバズワードは削除する

○同じ分野の専門家が
　相手でない限りは、
　専門用語は避ける

秘訣30 ― 有意義な会話をする

面と向かう、電話で話す、メールやチャットを送り合うなどの手段に関係なく、あらゆるビジネスコミュニケーションを目的にかなったものにする3つの簡単なステップを紹介する。メールやチャットには考える時間を多く持てるという特徴があるが、それ以外にはほかの手段との違いはない。

1. なぜその会話をするかを理解する

職場では周りの人との交流をただ楽しむだけの時間もある。うわさ話を広めたり分別のないことを口走ったりしないよう注意する必要はあるが、いわゆる「油を売る」時間はリラックスできる楽しいひとときだ。だが、何か重要な話をする必要があるときは、頭の中にはっきりとした目標を設定せずにとっさに会話を始めるのはおすすめできない。目標があると会話に明確な目的が生まれ、時間とエネルギーの無駄遣いを避けられる。

同様に、誰かがあなたと会話を始めたときに、なぜその会話が始まり、なぜいまなのかを考えると役に立つことが多い。過剰に思い悩むのは無駄だが、「なぜ」という感覚を持っていると会話が「どこ」へ向かうのかを理解しやすくなる。

2. 自分のなかの「モンキー・マインド」を無視する

古代中国では、次から次へと思考の対象が移る「モンキー・マインド」を誰もが持っていると信じられていた。たとえばこうだ。

・彼女は私をどう思っているのだろう？
・売上をあげられるだろうか？
・ローンを払えなかったらどうしよう？
・うわあ、趣味の悪い壁紙だな。
・2時間以内に空港に着かなくては。
・などなどなど……

このような頭の中の雑音に捕まると、会話の相手から気が逸れて、自分の視点や優先事項、目的などへと注意が移ってしまう。

この「モンキー・マインド」に耳を傾けると、相手の言うことのほんの一部しか頭に入ってこなくなる。十中八九、相手の言ったことを誤解したり忘れたりするだろう。

モンキー・マインドを無視する訓練をするには、ひとりで静かに腰掛けてモンキー・マインドのお喋りに思い切って耳を傾ける。あえて意識することでモンキー・マインドを自覚しやすくなり、会話内容に集中する思考との切り分けも簡単になる。

3．受け取る、要約する、答える

相手が話し終えたとたんに、すぐ自分が言いたいことを話し始めてはいけない。一度頷いたり短く「なるほど！」と言ったりするだけで構わないので、相手の言葉を受け取った合図を送ろう。「モンキー・マインド」と喋らずに相手の話を聞いていたと伝えるのだ。

もし相手が何か複雑なことや感情に訴えることを言ったり、重要な新しい情報を提供したりした場合、あなたの番がきたら簡単に内容を繰り返し、概要をまとめる。

聞いた話を要約することで、相手は誤解を修正したり、聞き手の「理解」をもっと確実にしようと詳しく話したりする機会を得られる。訂正できたはずの誤解がきっかけとなって会話が目的から逸れるのを、防ぐこともできる。

要約したかどうかに関係なく、まずひと呼吸置いて聞いた内容について考え、それからこれまでの会話に言葉を足すイメージで、論点や目的に近づく主張、ストーリー、質問を返すといい。

たとえば、顧客となりそうな相手がいま抱えている業務上の問題点を詳しく話してくれたとしたら、まずは問題を短く言い直して自分の理解を確実なものにし、その後に同様の問題にほかの企業はどう対処したかのストーリーを手短に語る。

この方法は最初はわざとらしく感じられるかもしれないが、じきに自然にできるようになる。

まとめ｜有意義な会話

○いま会話をする理由を理解する

○「モンキー・マインド」を無視する

○言われたことについて考え、
必要であれば言葉を変えて繰り返し、
適切に返答する

説得力のあるメールを書く

相手に希望どおりに動いてもらうにはどのようなメールを書けばいいだろうか。誰でも真似できる6つのステップを紹介する。

1．自分が望む結果を理解する

メールはビジネスで最も頻繁に使われるコミュニケーション手段だ。残念ながら、そのほとんどはあまりにお粗末な書きっぷりで、なぜそのメールが来たのか、それを読んで何をすべきなのかを受け取った人が理解しかねる内容となっている。

ほかのあらゆるビジネスコミュニケーションと同様に、メールを書くときにも、まずはどのような結果を自分が望むのかをしっかりと理解するところから始めよう。これが明確にならないうちは、メールを送ってはいけない。自分にとっても相手にとっても単なる時間の無駄だからだ。

2．はじめに結論を書く

結論とは、メールの内容に基づいて受け取った人に行ってもらいたい行動を、簡潔に記したものだ。

学校で文章を書くときには、まずは導入挨拶から始めて最後に結論を書くようにと教わったことだろう。悪い教えだ。

ひとつの意見が発展するさまをいちから順を追って読んでいくほど時間のある人など、ビジネス界にはいない。メールを送信する理由を直ちに相手に伝えなければ、相手はさっさと次の業務へと移るだろう。

だから結論から始めてほしい。例として、社内スポーツジムの開設について上司に承認してもらうためのメールを挙げる。

右下の「良い例」では過度に冗長な言葉はいっさい取り払い、明快に要点を記している点に注目してほしい。

3. 消化しやすい塊で主張を組み立てる

まず結論（つまり自分の望む結果）を明記したら、それを支える主張を集める。主張

2. はじめに結論を書く

〔メールの悪い書き出し例〕

〇〇様

ご存知のとおり、従業員の長期欠勤は、甚大な経済的損失を生む現在進行形の問題として、我が社や他社、業界内で広く認識されています。[あれこれぺちゃくちゃ……]これを受けて我々は、本社敷地内へのスポーツジム開設に予算を割り当てる件を考慮すべきです。

〔メールの良い書き出し例〕

〇〇様

社内スポーツジム開設案に承認いただきたく思っています。

を「消化しやすく」するには小さい塊に切り分け、それぞれの要点を一貫性のある形式や構文で表現する。

ここでも、下段の「良い例」は最も重要なことだけを伝え、周辺的な問題には無駄な時間を割いていない。

3. 消化しやすい塊で主張を組み立てる

〔悪いメールの文面〕

最近発表の政府報告書によると、組織において健康状態は極めて重要な要素であるにもかかわらず、取り組む姿勢を見せている企業は非常に少ないのが現実です。健康とは、軽視されがちだが会社の強みとなる財産であると、多くの企業が認識しながらも、改善策を持ちません。健康は、企業と従業員の経済状況と従業員の成功に密接な繋がりを持っているというのにです。我が社もこの問題を職場の生産性向上に繋がるものとして扱わなければ、取り残されてしまうと私は危惧しています。

〔良いメールの文面〕

社内スポーツジムの効果
・長期欠勤を減らす
・会社全体の生産性を高める

4. ひとつひとつの主張を証拠で強化する

記載した事実が本当に真実であると証明できなければ、それは単なる意見でしかない。あなたを信頼する人はあなたの意見を聞くかもしれないが、基本的には裏付けとなる証拠があるといい。信頼のおけるソースから引用した情報が理想的だ。
「良い例」では裏付けのある事実で主張のひとつをふくらませている。ほかの主張についても同様にしよう。

5. 結論を繰り返し、行動を促す

メール本文で相手を説得できたと仮定して、メールの最後に、相手が取る必要のある次のステップを提示する。そして、簡潔かつ具体的に結論をもう一度繰り返そう。

4. ひとつひとつの主張を証拠で強化する

〔悪いメールの文面〕

社内スポーツジム開設により従業員に体力がつき病気にかかりにくくなるため、従業員は自宅よりも会社に滞在したくなり、結果として長期欠勤が減少します。

〔良いメールの文面〕

・長期欠勤を減らす。

国立衛生保健所によると、社内スポーツジムを所有する企業では、保有しない企業と比べて長期欠勤が20%減少した。

5. 結論を繰り返し、行動を促す

〔悪いメールの文面〕

このプロジェクトへのご支援を心よりお待ちしています。

〔良いメールの文面〕

このメールに承認の旨を返信いただければ、実行に移します。

6. 件名にメリットを入れる

件名はメールで最も大事な部分だ。そのメールを開いて、読んでもらえるかは、件名の言葉にかかっている。だから、最初に結論、次に証拠付きの主張、最後に件名、の順で書く。

理想をいえば、次の2つを満たす件名にする。

1　受け取った人がそのメールを開いて読みたくなるような興味や好奇心を生じさせる。

2　受け取った人に承諾してほしい結論（つまりあなたの望む結果）をほのめかす。

この二つを満たす最善の方法は、あなたの望みどおりに決断してもらうとどんなメリットが生じるかを手短に記すことだ。

これまでの「良い例」はどれも、メールで具体的な行動を要請しているが、「悪い例」は、ただ理論を展開しようとしている。

6. 件名にメリットを入れる

〔メールの悪い件名表記〕

宛先：Jim@Acme.com

件名：従業員向け健康プログラムの健康状態への効果

〔メールの良い件名表記〕

宛先：Jim@Acme.com

件名：長期欠勤を減らすには

まとめ｜メールを書く

○自分が望む結果を理解する

○その結果を
はじめに結論として書き表す

○結論を簡潔な主張で支える

○主張ひとつひとつを強化する
証拠を付ける

○行動要請の形で再度結論を述べる

○メリットを含めた件名を
最後に考える

——記憶に残るプレゼンテーションを行う

ビジネスプレゼンテーションといえば、要点が箇条書きにされ、イラスト（または表やグラフ）が散りばめられたものが定番だ。ときには、どちらかというと発表者のために要点ごとに説明書きが足され、どうかすると、全スライドにぎっしりと細かな情報が盛り込まれていることもある。

だが、有意義なプレゼンテーションでは発表者とその人の発言内容に焦点が置かれ、スライドはあくまでも補助的な役割を果たす。記憶に残るだけでなく、聞いた人を行動へと駆り立てることのできるプレゼンテーションをつくる方法をここで伝授する。

1. 人前であがらないようにする。

最悪のプレゼンテーションには必ず、スライドを音読するだけの発表者が付いている。そうなってしまう原因は、（1）ほかにいいやり方がわからないから、そして（2）人前であがってしまうから。不安のあまり用意してきた原稿やスライドにしがみつくのは、ごく自然なことだ。

あがり症は馬鹿にできない。少なくともあるアンケート調査では、大勢の前で話すのが怖いと答えた人数は、死ぬのが怖いと答えた人数よりも多かった。だとしても、ほかのさまざまな恐怖と同じように、あがり症だって緩和はできる（**秘訣㊶「恐怖心に支配されたら」**参照➡290ページ）。

あがり症の改善に加え、もうひとつ秘策がある。聴衆のなかから誰か1人を選び、発表中はその人に向かって話しかけるのだ。ほかの人々は、パーティーでよくあるように、単にあなたの話を偶然立ち聞きしているにすぎないと思おう。プレゼンテーションで章が換わるたびに話しかける相手を換える。1人に向かって話すことであなたの恐怖心が和らぐだけでなく、「話す相手」に選ばれた数人以外の聴衆も、自分に直接話しかけられているかのような印象を受ける。

それでもあがり症に悩まされ続ける人へ。私はトーストマスターズ・インターナショナル〔訳注：スピーチやリーダーシップスキルを訓練するためのコミュニティ。日本にも支部がある〕に参加してあがり症を克服した人を何人も知っている。仕事が絡まない人々の前で話したほうが、恐怖心を克服しやすいだろう。

2. 感情の旅路をつくる

プレゼンテーションの本来の目的は情報を伝えることではなく、あなたが推奨する結果が正しいものだと説得しながら、聴衆をいまいる場所（懐疑的、退屈、興奮など）からあなたが望む場所へと運ぶことだ。

言い換えれば、プレゼンテーションとは聴衆がある状態から別の状態へと動く旅路で、演説と似ている。ならば、事実というよりは聴衆の感情を並べて旅路をつくり上げるといい。以下、その例を挙げる。

1　恐れ（問題に注目する）

2　安心（その問題には解決策がある）

3 **信頼**（発表者とその会社は信頼に値すると信じる）

4 **確信**（行動に移す準備ができる）

あるいは、こんなふうにしてもいい。

1 **驚き**（知らなかった何かに注目する）

2 **好奇心**（発表者の考え方がなぜ興味深いかを理解する）

3 **刺激**（発表者の考え方がなぜ革新的かを理解する）

4 **活発化**（もはや発表者の本を買いたくてたまらない）

3. 旅路のための「案内板スライド」を作成する

現実世界の旅路では、目的地に導いてくれるもの（「スモールビル／出口9／あと3マイル」）と、到着したと知らせるもの（「スモールビルへようこそ！」）の、2種類の案内板を見かける。

聴衆を連れていく先が明確になったので、次はどの事実や表、グラフが、聴衆を目的地に向かわせる役目や、ある感情の駅に到着したと知らせる役目を果たせるかを考える。たとえば、ある顧客が抱える特定の問題に対して解決策を売り込む場合、感情の旅路の地図を次のようにつくってはどうだろう。

1 **認識**（問題が存在している）

2　心配（問題はかなり深刻だ）
3　恐怖（なんてことだ、私たちはもう駄目だ）
4　安堵（よかった、他社は乗り越えたらしい）
5　安心（この案で問題を解決できそうだ）
6　興奮（この案で**利益**を創出できるかもしれない）
7　確信（この解決策に投資しなければ後悔する）

「認識」の案内板は、具体的な金額を記したスライド1枚でいいだろう。たとえばその解決策を採用せずにいると失われる金額の見積もりなど。

「心配」の案内板は、監査報告書からの引用や、会社の収益傾向を示すグラフなどはどうだろうか。

「恐怖」の案内板は、警告を無視したがために倒産した会社の本社ビルの写真などがいいだろう。

「安堵」の案内板は、同様の難局を乗り越えた会社の本社ビルの写真でどうだろうか。

案内板はプレゼンテーションにとって重要ではあるが、プレゼンテーション本体**ではない**。プレゼンテーションを行うあいだにスクリーンに映すことで、発表者がつくり出したい感情を強調し、明確化するためのものだ。

4. 案内板ひとつひとつにストーリーを添える

最高のプレゼンテーションをつくるとっておきの秘訣を教えよう。どんなプレゼンテーションも、ストーリーの集合体なのだ。ストーリーとは、ある統計値がどのように導き出されたかの短い解説でもいいし、5分間に及ぶ業界内の逸話でもいい。ストーリーは私たち共通の人間性に訴えかけるので、発表者が求める感情を引き出しやすい。先ほどの感情の旅路の例に沿ったストーリーを次の表にまとめた。スタンが招待したコンサルタント、ジョン・ドウが、A社（スタンの会社）に向けて在庫管理の提案をするというシチュエーションだ。

感情	案内板スライド	ストーリーの概要
好奇心	A社の在庫問題の解決案 ABCソフトウェア ジョン・ドウ	スタン「本日は在庫管理についてお話しいただくために、ジョンを呼んでいます。ABC社のソリューション・コンサルタントとしてこの業界で幅広い経験をお持ちの方です。ジョン、どうぞ」
心配	失われている収入＝100万ドル	ジョン「そう、100万ドルです。スタンと私で情報を集め、御社が毎年失っているとみられる額を試算しました。グラフからお気付きかもしれませんが、毎回注文が入るタイミングで収入が落ち込んでおり、これが全体的な問題を浮かび上がらせています」
安堵	［解決策を示した図］	「提案したいのは、この問題への対処法を一新する新システムの導入です。簡単にご説明しましょう……」
信頼	［同様の問題から回復した会社のグラフ］	「我々が効果を確信しているのは、過去に同様の状況に対処した経験があるからです。ご紹介させてください。少し前に……［逸話］」
希望	［3か月間での投資額回収完了を示すグラフ］	「見積もったコストに基づくと、このプロジェクトへの投資額は3か月間で回収完了する見込みです。この結論に至るまでの過程をご説明します……」
好奇心	質疑応答	「ここまでの内容にご質問はありますか?」
確信	［導入スケジュール］	「このプロジェクトの導入決定から6か月以内で、新しい在庫管理システムを稼働開始できます」

当然、旅路の組み方は目的地によって異なる。案内板には詳細な付加情報や証拠、実例を用いてもいい。

5. 全スライドを簡素化する

スライドを作成する際の注意点を挙げる。

○関連性の高い情報を

聴衆は自分に直接関係するストーリーやアイデアにのみ注目する。聴衆にどのような決断をさせたいかを考え、それに合わせて構成する。

○簡潔で要領を得たスライドにする

プレゼンテーションが短すぎると文句を言う人を、果たして見たことがあるだろうか？　最初に必要だと思った長さの半分にするか、もっと短くてもいい。

○一般論ではなく事実を用いる

曖昧な構想は曖昧な考え方から生まれる。メールと同様、自分の意見を定量化し、立証してくれる事実、それも記憶しやすく印象に残る事実で強化する。

○図表を簡素化する

複雑すぎるイラストや表を前にすると人間は考えることをやめてしまう。シンプルな図表を使い、データの重要な部分を強調表示する。

○背景は背景らしく

スライドに凝った背景を使うと、聴衆の気が逸れやすくなる。背景には淡い単色を使う。

○読みやすいフォントを使う

小さなフォントを使って聴衆に疲れ目と頭痛をもたらさないように。大きなフォント、シンプルな字体（英語ならArialなど）を選ぶ。また、太字、イタリック、全アルファベット大文字表記を避けるとさらに読みやすくなる。

○凝りすぎない

聴衆の記憶に残したいのはメッセージであって、特殊なエフェクトをいくつ使ったかではない。内容ではなく見た目で注意を惹くスライドは、メッセージの印象を薄めてしまう。

○聴衆のレベルに合わせる

あらゆるビジネスコミュニケーションに通じることだが、聴衆が専門家でない場合は専門用語や略語ではなく平易な言葉を使う。

○リハーサルをする

練習が完璧を生む、とまではいえなくとも、少なくともぶっつけ本番よりはずっと良くなる。リハーサルは時間配分の確認にもなり、長くなりすぎるのも避けられる。

6．プレゼンテーション中のルールに従う

プレゼンテーション中のルールを挙げる。

○印刷した配布物を渡す

聴衆に提供したいデータがあるなら、印刷物としてプレゼンテーション後に配布する。スライドをデータ陳列棚にしない。

○座ったままではなく立って話す

聴衆が座っている中で立ってボディランゲージを用いて話すと、発表者と発言に注目を集められる。周りと同じように座って話すのは対話であり、プレゼンテーションとは根本的に異なる。

○設備を事前に確認する

パワーポイントを使う必要がある、または動画などを見せるつもりなら、事前にきちんと動作を確認する。そして再確認を。そして再々確認を。

○はじめに誰かに紹介してもらう

短い（250字程度）経歴と、その日話すテーマについての短い紹介文（120字程度）を用意する。発表者を会議に招待した人物に音読してもらうか、会議の案内状に記載してもらう。

○時間制限を設ける

参加者に囚われの聴衆となってもらうからには、終了予定時刻を伝えるべきである。発表者にとっては、手短に話す意識付けにもなる。

○導入のジョークは不要

もともとひょうきんな性格でもない限り、ジョークを言うと、発表者の緊張と自信のなさが聴衆に伝わってしまう。ユーモアはその道のプロに任せよう。

◯会場の「熱意」を把握する

少人数なら、あなたのプレゼンテーションからどのような情報を得たいかを1人ずつに聞いてみる。大人数なら挙手で答える質問を投げかける。

◯聴衆に語りかける

名スピーカーは、手元のメモではなく終始聴衆に意識を向ける。聴衆に集中すると、聴衆側も発表者とメッセージに集中してくれやすくなる。

◯とりとめなく話したり飛ばしたりしない

話を脱線させたり、スライドをパラパラと前後移動したりすると、単に準備不足である印象を与える。即興が必要となったとしてもプレゼンテーションの構成内で行う。

◯参加者のうち役員のみに向けた発言をしない

参加している役員は最終的な裁量権を持つのかもしれないが、取引に踏み切らせるにはもっと多くの聴衆を説得しなければならない可能性は高い。

◯複数の人とアイコンタクトをとる

要点をひとつ話すたびに聴衆の1人と目を合わせ、それから次に移る。次の要点では別の人と目を合わせ、これを繰り返す。

まとめ｜記憶に残るプレゼンテーション

○あがり症を改善するには、
聴衆全体ではなく１人に話しかける

○聴衆の感情の旅路を計画する

○聴衆の感情が高まるポイントに
印を立てる

○順序どおりに感情を生じさせる
ストーリーを構築する

○全体を通して簡潔な造りにする

○関連性が高く、短く、
シンプルで読みやすいスライドをつくる

○聴衆に合わせた
プレゼンテーションをつくり、
リハーサルをする

秘訣33 ――コネクションをつくるには

もともと社交好きな性格だとしても、今後仕事上の知り合いや顧客となりうる経営者、リーダー、重役たちが会場いっぱいにいる状況には、さすがに怖じ気づくのではないだろうか。会場内をぐるりと回り、できる限り多くの有効なコネクションをスピーディに築くヒントをここで紹介する。

1. 初対面の相手に好奇心を抱く

自分から自己紹介をしたか誰かに紹介してもらったかに関係なく、出会ったばかりの相手に心からの興味を抱き、それを表現することを大切にしよう。

相手のこと、出席した理由、学んでいるものなどについて尋ねると、必ずといっていいほど相手の仕事やキャリアの話、または誰と知り合いかという話に発展するだろう。これは重要な情報だ。なぜならその人とのコネクションが有意義なものとなりうるかの、最初の判断材料となるからだ。

もし有意義とまではいかないと判断したら、会話を楽しみつつも「捕まらない」ようにすること。その場を離れたり別の人と話したりする口実を見つける。大切なのは、会場内をまわってできる限り多くの人と出会うことだ。

2. ひと言で自己アピールする

会話を続けると決めた場合、通常考えられる次の話題はあなたの仕事についてだろう。あなたにとっては、どのような情報を提供するかを考え、今後関係が発展するかの吟味を始めるチャンスとなる。

肩書きや職歴を伝えるよりも、あなたから何かを購入したり、あなたに投資したり、あなたを雇ったりした人が得るメリットを説明する。できれば好奇心をそそられる事実も入れよう。

〈悪い自己アピールの例〉

「最新式の教育ソフトウェアを販売しています」

「ＩＴ契約の見直しと再交渉で経費を削減します」

「コンピューターゲームのプログラミングの仕事を探しているところです」

〈良い自己アピールの例〉

「私がプログラミングした従業員教育ソフトウェアを導入した小売店は、売上が約10％伸びたんです」

「主要なＩＴベンダーに直接交渉を行って、ある企業のＩＴ調達費削減に貢献しました」

「ソーシャルネットワークと協力型パズルゲームを組み合わせたゲームのアイデアがあります」

自分自身の情報や、職歴、希望する職種などをこと細かに話さなくていい。それまでの会話に合わせて、相手が興味を持ちそうな内容をひと言で伝える。印象付けに使える時間はおよそ5～10秒だ。賢く使おう。

3. 相手を観察し、耳を傾ける

さりげなくかつしっかりと自分をアピールしたので、今度はそれに対する相手の反応を見る番だ。相手があなたをぼんやりと見ていたり話題を変えたりしたなら、少なくともいまは、あなたにとって有意義なコネクションにはならない相手だと判断できる。そうとわかれば、関係を深めようとして無駄な時間を費やさずにすむ。

逆に、あなたに**興味を抱いた**相手は、「へえ！ どうやってやったんですか？」、「偶然ですが、私たちも○○○（あなたが挙げた話題）に悩んでいるんですよ」などと会話を次の段階に進めてくるだろう。このように反応はさまざまで、興味の深さも人によって異なる。さらに会話を続けてもいいかどうかを見極めよう。そのためには、相手の言うことをただ聞くだけではなく、表情やボディランゲージを観察する。社交辞令ではなく心から興味を抱いていると感じ取れたら、次のステップに進もう。

感じ取れなければそこで諦め、ちょっとした雑談（例：「いいカンファレンスでしたね！」）を交わし、会話から抜ける（例：「すみません、話をしようと思っていた方が見つかったので、失礼します」）。

4. 自分を差別化する

ひと言アピールで相手の興味を獲得できたら、次はあなたが人とは違う価値を持つ人材だといえる理由を説明する。

競争相手となるほかの人材とどう異なるかを示す実例を、1つか2つ、ざっくばらんに伝える。なお、相手が関心を持つ、または相手の企業にとって重要となる内容に絞ること。

自己アピールと同様、理解しやすい単語や表現で、自分の独自性をひと言で表す。例を挙げよう。

「ＭＩＴでは、小売店の店員が過去の購買データを活用して店頭在庫を優先的に売る仕組みを研究していました」

「たくさんのＩＴベンダーと付き合ってきたので、最低価格まで値切るノウハウを持ってるんです」

「既存のマルチプレーヤーのゲーム環境を利用したら、複雑な問題に対してどのように協力しあえるかをテストしています」

5．相手を観察し、耳を傾ける（２回目）

ステップ３の繰り返しだ。もし相手が引き続き興味を示していれば、次のステップへ。もし興味を失ったり社交辞令で興味を示していたりするなら、会話はここで終了。少し雑談したらその場を去ろう。

6．少し踏み込む

相手の興味が続いていたら、オープンエンドの質問で興味の深さと質を探ろう。例を挙げる。

「ちなみに、現在お使いのＰＯＳシステムは売上アップにどう役立っていますか？」

「ちょっと気になったのですが、御社は現在どのようにＩＴベンダーとの交渉を行っているのですか？」

「ご興味を持っていただけたようですね。御社では近々どのようなゲームが発売されるのでしょう？」

変わったことを聞く必要はない。ただ、ひと言で回答が終わる質問ではなく、必ずオープンエンドの質問を心がけよう。少し深い話に発展したら、日を改めてさらに深い話をする提案をしてみる。

7. ミーティングの約束をする

質問に対する答えを聞いて、関係をさらに深める意義があるかを判断しよう。あなたが提供できるものと相手のニーズが**合致**したら、さらに深い話をするミーティングの約束をする。

「もっと詳しい話をしたいのでミーティングを開くのはいかがでしょうか？」
「このことについてもっとお話ししたいですね。都合のいい日はありますか？」
「近々お時間をいただいてもよろしいですか？」

相手が同意したら連絡先を交換し、忘れないように約束を書き留めておく。

出会いからここまでのわずか数分間で、無駄な努力を避けるための「脱出口」が2回あったことに注意してほしい。初対面の相手と交流し、後に役立ちそうなコネクションをできる限り多く築くには、1人あたりにかける時間は短いほうがいい。

まとめ｜コネクションを作る

○他者とその人の仕事に対して
好奇心を持つ

○提供できる価値という観点から
自己アピールをする

○相手が興味を抱いてなさそうなら、
別の人へ

○競合相手と自分が
どう異なるかを説明する

○互いのニーズを
確認するために少し踏み込む

○相手の興味が続いたら、
ミーティングを約束する

交渉ごとを行うには

交渉ごととは、複数の選択肢が挙がり、議論を重ねて最終的に何らかの結論に合意するというやりとりのことだ。交渉ごとは形式張らないものも多いが、ここで説明する形式張った交渉と原理は同じだ。

ビジネスの至るところで交渉が行われる。上司や同僚、顧客から、望みどおりのものを引き出せるかどうかは、あなたの交渉能力次第となることが多い。

1. 範囲を決める

交渉に入る前に、何を本当に話し合うのかをじっくりと考えよう。

ビジネスの交渉には2つの要素が含まれる。議論の対象外にあるものと、対象内にあるものだ。加えて、議論の対象内のものには必ず上限（期待できる最高レベル）と下限（妥協する最低レベル）がある。

取引に含まれる要素ではあるが、いっさい融通をきかせられない部分を「議論の対象外」と定義する。たとえば、新しい職務について交渉するが転勤は望まない場合、転勤は議論の対象外に置く。

議論の対象内にあるものすべてについて、**期待できる最高レベル**と**妥協する最低レベル**を明確にする。たとえば給料の交渉の場合、最高の合意額は年給15万ドル、必要最低限なら7万5000ドルというように。

2. 交渉する項目を重要度順に並べる

ステップ1「範囲を決める」で明確化した交渉の対象内にある項目を、自分にとって重要である順、また相手にとって重要と思われる順に並べ終えるまでは、交渉を開始してはいけない。1（とても重要）〜3（重要でない）で評価する。新人を採用する際の交渉を例に挙げると、新人に与えられる職務名はあなたには重要でなくとも、新人にとってはとても重要かもしれない。または逆かもしれない。

交渉を進めて情報が増えるに従って、先ほど予想した相手にとっての重要度順を適宜修正する。相手が説得力のある主張をした場合、自分の重要度順が変わることもありえる。

3. 説得力を高める主張をする

あなたの設定した上限と下限に筋が通っている理由を説明できるようにする。基本的には上限と下限の裏にある主張はそれぞれ大きく異なるはずだ。たとえばあなたが、受けてきた教育と経験の量から、周りの人よりも多い金額を望んでいるとする。昇給の妥当性を伝えるには、あなたの持つ専門知識が会社でのあなたの価値を高めている点を主張するといいかもしれない。

また、予想よりも評価の低い役職を提示されたとする。この場合のあなたの主張はこうだろう。「その役職では権限が不十分なので、業務遂行が難しくなると思います」。

4. 現実的な代案を持つ

あなたが取引をまとめ**なければならない**状況にあり、相手は単にまとまったら**嬉しい**程度の状況にある場合、交渉においてはあなたが不利だ。

たとえば、最終契約の交渉をするところで、もしそれが今日中に成立しなければあなたは職を失い、義務の不履行に陥るとする。一方で相手には急いで交渉をまとめなければならない理由はない。この場合は、おそらく相手の要求にただ従い、譲歩するしかない。

だからこそ、可能な限りプランBを持っておく必要がある。たとえばオファーをもらった仕事の詳細を交渉するあいだにも、仕事探しは続けるべきだし、いっそ別の面接の予定を入れたっていい。

なお、プランBとその場合の重要度順は相手には知らせないこと。窮地に陥ってついプランBを暴露してしまったとしても、基本的には自分が絶望して自暴自棄にならないためのプランなので、過度に気にしないこと。

5. 相手に先に言わせる

相手に先に条件を言わせると、ほぼ確実に有利な立場を取れる。私の経験した実例を挙げると、相手が先に提示した報酬のほうが、私がもともと要求しようと思っていた額よりも数倍良かったことが何度かあった。

どうしても自分が先に言わざるをえない場合は、自分にとって重要度の高い項目の、上限に近い条件を、それが妥当である理由を添えて提示する。必ず交渉の余地を残しておくこと。

〈**悪い条件提示の例**〉
「1日1000ドルをいただきます」
〈**良い条件提示の例**〉
「このような業務の場合、たいていのお客様からは1日1000ドル程度いただいています。ただ厳密には、対象となる業務範囲など、契約のほかの要素によって決まります」

6. 対立の場を問題解決の場に変える

「私の見解は」や「当社の見解は」などと言うとき、あなたはその「見解」を所有しようとしている。「見解」があなたの一部になると、柔軟に変更したり却下したりできなくなっていく。

だから、見解を自分だけのものにせず、双方に関わる問題という形で客観化しよう。たとえばこう伝える。「その取り決めに基づき、○○（具体的な提案内容）はいかがでしょう。私は納得がいきますが、そちらにとってはどうでしょうか？」

狙いは、交渉を対立の場ではなく、手を取り合い前に進む方法を考える問題解決の場へと変えることだ。

7. 重視する点以外は歩み寄る

ステップ2「交渉する項目を重要度順に並べる」で、自分と相手の重要な項目を確認した。交渉中は、自分が重視する譲れない点を守るために、ほかの部分では柔軟性を持つことが大切となる。

たとえば、複合的なソフトウェアシステムを販売する会社に勤めていて、あなたが率いるシステム導入チームに現在作業が発生していないとする。チームができるだけ早く仕事を（そして稼ぎを）得ることがあなたの重視する点だ。

話し合いをするうちに、顧客もできるだけ早くプロジェクトを開始したがっているとわかった。つまり、取引を迅速にまとめて直ちに活動を開始することが双方にとってメリットとなる。

たとえあなたが純粋な善意を持って交渉に挑んだとしても、相手はあなたに多少何かを「譲って」ほしいと思ってしまうものだ。あなたもわからなくはないはずだ。

だからもし交渉相手があなたには都合の悪い主張を押してきても、恨みっこなしだ。代わりに、譲歩にも必ず意味があること、ただ主張を押し通そうとしても大きな見返りは**得られない**であろうことを、相手に見せてあげよう。

8．交渉完了のタイミングを知る

交渉がうまく運び、自分が望むものをだいたい手に入れることができたら、それ以上は続けない。90％達成できたらそこで交渉完了とする。そこを越えて交渉し続けても、得るものは減り始める。

まとめ｜交渉をする

◯交渉の対象とするものを明確にする

◯自分にとって重要なものと
そうでないものを決める

◯それが重要である理由を明確にする

◯常にプランBを用意し、
自分を縛らずにすむようにする

◯可能であれば、
相手から交渉を始めさせる

◯自分の主張に固執せず、協力しあう

◯双方が重視するものを反映した
取り決めをまとめる

◯取り決めの大半が決まったら
交渉をやめる

恐怖のメールへの対処法

万能なコミュニケーションの手段などなく、メールも例に漏れない。書いて伝える手段はどれもそうだが、書き手の能力が極端に高くでもない限り、気持ちを正確に伝えきれないものだ。加えてメールの手軽さと速度が、思慮の足りないメッセージをどうしても生んでしまう。

この秘訣㉟では、受け取った側の心を乱すありがちなメールを3種類挙げる。対応に失敗すると自分の人間関係やキャリアに悪影響を及ぼすかもしれない。

1．不穏な電話要求

まずは、上司や得意先など立場が上の相手から届く、何かがおかしいと指摘して対応を求めるがそれ以上の情報をいっさい出さない、とても短いメッセージだ。たとえば次のように。

「話をしたい」／「電話してくれ」／「重大事件だ」

メールの送り主が重要人物なので、おそらくあなたはとっさに電話に手を伸ばすだろう。だが、その行動は次の2つの理由から間違いといえる。

1つ目に、何が起きているかを何となく予測できそうだとはいえ、まだ確実ではない。だから予想とは違う内容の可能性だって大いにある。発生してもいない問題について切り出したり、新しい問題を露呈させてしまったら最悪だ。

2つ目に、あなたの予測が正しかったとしても、有意義な議論をするには、相手が状況をどう見ているかについての情報が足りない。

したがって最善の行動は、話をする時間を提案し、多少は準備をするために相手に詳細を尋ねることだ。たとえば下の良い返信例のように。

この返信には2つのメリットがある。まず、終始メールで対応できるかもしれない。そうなれば電話での会話よりもじっくりと考えて返信ができる。そして結局話し合いは不要だ

〔ケーススタディ①／不穏なメール〕

差出人：最も偉い上司

件名：話し合い

話をしたい。

〔悪い返信例〕

件名：Re: 話し合い

○○様、すぐに電話します。

〔良い返信例〕

件名：Re: 話し合い

○○様、約30分以内にお話しする時間を確保できます。何についてのお話かを教えていただけますか。有意義な話し合いができるようにいたします。

とされれば、あなたが事態を悪化させるリスクは下がる。

2. 挑発的な主張

ときどき、あなたの認識と反する、または純粋にミスが原因の、あるいは出来事や会話への偏った見方が含まれた「事実」と「意見」が、メールで届く。

たとえば、きちんと対応したと割と自信のある件に対し、間違った対応を責めるメールが同僚から届いたとする。

これを見るなりあなたのなかには、すぐにでも、きつい口調で自分の主張を伝え、真実ではないくだらないことで非難された怒りといらだちをぶつけたいという欲求

〔ケーススタディ② ／ 挑発的なメール〕

件名：資料未受領

先週の末までにこちらの部署に要件資料を送ってくださるはずでしたが、いまだに何もいただいていません。結局、こちら技術グループは締切りを守ることができませんでした。

〔悪い返信例〕

件名：Re: 資料未受領

CC：[いちばん上の上司]

技術グループの締切りは私の担当範囲ではありません。先週末までに要件資料が必要だったのなら、2週間前にそう伝えてくださるべきでした。率直に言ってそのようなコミュニケーション不足で非難されるのには少々うんざりします。

〔良い返信例〕

件名：Re: 資料未受領

そのようなスケジュールで要件資料が必要だとは認識していなかったため、少々混乱しております。要件をまとめるには数日間かかります。技術グループの方々が遅れを取り戻すための、最善策をお教えください。

が生まれるのではないだろうか。

しかしむきになったところで、あの人がああ言ったこう言ったのメールでの争いが始まるだけだ。最悪の場合、一連のメールでｃｃに入れられた第三者が、迷惑だと怒り出す可能性もある。

腹を立てたせいでさらなる軋轢(あつれき)を生むよりも、自分が混乱していること、事実の明確化を求めたいこと、問題に対処する意思があることを表現するほうが賢いやり方だ。たとえば右の例を見てほしい。

3. 攻撃文書

攻撃文書とは露骨な負の感情がむき出しのメールのこと。周囲に向かって怒鳴りちらす人とまったく同じだ（**秘訣⑦「怒鳴りちらす上司に対処する」**参照➡66ページ）。

こうしたメールを読んだら、怒りを感じずにはいられないか、これほど冷酷な人がいるなんてと傷つくか、または相手が酷い奴だという証拠が手に入ったと密かに喜んでしまうかだろう。

だが、この攻撃文書への最善の対応は、共感とプロ意識の合わせ技だ。

なぜ共感が有効かというと、メールの差出人は「送信」を押した2秒後にはほぼ確実に後悔しているからだ。とはいえ、メールの酷い口調を無視はできないし、感情のはけ口に使っていいとも言いたくない。ここでプロ意識、つまり仕事と割り切る態度の出番だ。

まずは、感情が詰め込まれた文書の中に埋もれている問題を見つけ出す必要がある。同時にこれ以上は許せないとする境界線を引く。そうすれば攻撃者は、次はもう大目に見てはもらえないと理解するだろう。たとえば次ページの例のようなメールを受け取ったら、こう返信しよう。

重要なのは、返信する前に最低3時間は待つことだ。境界線を示す前に、短気な相手をクールダウンさせる（そして馬鹿なことをしたと反省させる）時間をつくると効果的だからだ。

〔ケーススタディ③／攻撃的な文面〕

件名：大問題

またやらかしたか、くそったれ。お前らが駄目にした契約を立て直そうと、IBM（最大の得意先）とまる1時間電話で話すハメになった。

〔悪い返信例〕

件名：Re: 大問題

申し訳ありません。事態改善のためにできることは何でもいたします。

〔良い返信例〕

件名：Re: 大問題

お気持ち理解できます。問題への対処を始めています。ですが、先ほどのメールの口調と言葉は職業倫理に反しています。今後同様の表現のメールをいただいたら返信しかねますので、ご了承ください。

まとめ｜恐怖のメール

◯短すぎる話し合い要求メールには
　詳細を尋ねる

◯真っ向対決を避けるために
　混乱した気持ちを伝える

◯攻撃されたら、
　問題には関与しつつも
　境界線を引く

PART VI

緊急事態への対処法

「いつもどおりに働く」ことができないときがある。働いていればいつかは、いつものルールが当てはまらない状況や、すぐにでも誰かの助けが必要な問題に出くわす。

そのような緊急事態に対応する力は、心の準備ができているかどうかで決まる。たとえば、素早く転職できるよう土台をあらかじめ築いていれば、緊急事態の多くは緊急ではなくなる（**秘訣㉒「キャリアの安定を得るには」**参照➡158ページ）。

とはいったものの、問題解決のための大まかな方針や、キャリアを軌道に乗せ直すコツが必要なときはある。なかでも重大な7つの場面について、このPARTⅥで解説する。

◎秘訣㊱「仕事が嫌いだったら」では、いまの職場でできることを楽しむ道、もしくはより自分に適した職場を探す道のいずれを選ぶにしても、負の感情に邪魔をさせないためにできることを順を追って説明する（➡256ページ）。

◎秘訣㊲「大失敗をしてしまったら」では、影響範囲の広い失敗をしでかしたときに冷静でいる方法、事態を悪化させない方法、そして効果的に謝罪をして再び歩き出す方法を伝授する（➡262ページ）。

◎秘訣㊳「プライベートで緊急事態に直面したら」は、プライベートの生活に突如降りかかった災難や問題に対処するための計画だ。動揺のあまり職場でまた別の問題を生むことなく、プライベートの問題のために時間を確保しよう（⬇268ページ）。

◎**秘訣㊴「一斉解雇が発生したら」**では、解雇の波が迫るのを感知し、同時進行で転職先を探しながらも、戦略を立ててできる限り被害を受けない位置に身を置く方法を伝授する（⬇274ページ）。

◎**秘訣㊵「ストレスで疲弊したら」**では、日々絶えずストレスを感じずにはいられない理由を説明する。そしてすべてとはいえなくても、仕事環境からくるストレスをできる限り排除するための秘訣を紹介する（⬇282ページ）。

◎**秘訣㊶「恐怖心に支配されたら」**では、最高の成果を出せないかもしれないと恐怖心を感じたとしても、計画と目標を持って前に進むためのメソッドを丁寧に説明する（⬇290ページ）。

◎**秘訣㊷「拒絶されたと感じたら」**は、他人が自分を嫌っている、または敬意を払われていないと、気の滅入るような不安に支配されたときの応急手当だ。拒絶をただ受け流す方法に加えて、むしろ強みに変える方法も伝授する（⬇294ページ）。

秘訣36——仕事が嫌いだったら

仕事が嫌いな人はたくさんいる。仕事嫌いは**よくある**ことだが、決して**正常**なことではない。これは大きな違いだ。自分の仕事を嫌うことが正常と思っているならば、仕事を嫌っていない人は**異常**となる。実際、情熱的に仕事を愛する人もいれば情熱的に仕事を憎む人もいるが、大半は無関心に当てはまるのではないか。ここでは、(憎んでいなくとも)無関心となる原因について考察し、そのうえでもっと自分に合った仕事を見つけるための土台作りをする。

1．問題の本質を理解する

仕事を嫌いと思う主な理由にきっと心当たりがあるだろう。上司、同僚、顧客、事務員、予測不能なところ、長時間労働、低賃金などなど……。

どれも本当に切実な問題となりうるが、これを改善するには、まず本質的な問題をどうにかしなければならない。それは、仕事に対する感情を嫌悪やマイナスなものへと退廃させているのは自分自身だ、という事実である。

いまの仕事を嫌うことが、新しい仕事を探すモチベーションになると思い込んでいる人がいる。そうかもしれないが、その論理には2つ問題がある。

まず、嫌悪の感情はどちらかというとモチベーションを下げる。嫌うという行為のせいで、もっといい仕事を探すのに使えるはずの精神的・感情的なエネルギーを無駄に消耗する。仕事が嫌いと言いながらも特に何も対処しようとしない人ばかりなのも、頷ける。

2つ目に、いまの仕事を嫌っていると、転職したとしても結局同じくらい嫌悪する仕事に落ち着く可能性が高い。職場を去っても感情は一緒に持っていくからだ。次の仕事の採用面接を受けるあいだも、嫌悪の感情とそこから生じる自暴自棄な雰囲気はあなたにまとわりついていて、面接官もおそらくあなたに何かが欠けていると感じ取る。

例を挙げると、私の友人に10年以上どんな職についても仕事を嫌う人がいて、その理由は（彼曰く）「どこへ行っても上司が間抜けばかり」だからだと言う。しかし彼の職歴はさまざまな業界にまたがっていたので、すべての仕事に共通する唯一のものはというと……彼自身だった。

上司への怒りの感情は、その後も同じ状況を自ら呼び寄せる、いわば予言だった。採用面接で彼は、前の職場でうまくいかなかったのは上司のせいだと、話さずにはいられなかった。その結果、それでも彼を採用した人は決まって、嫌われ慣れていたお粗末な上司ばかりだったのだ。

というわけで、問題の本質は仕事や上司、同僚にあるのではなく、それらに対する自分の感情の動きにある。単に仕事がつまらないと感じているだけなら、むしろそのほうが感情のコントロールができて、もう少し楽に次の職場を見つけられそうだ。

2. 頭の中の言葉を変える

まず感情が湧き、それを最もよく描写できそうな言葉を見つけて表現するのだと、多くの人は思い込んでいる。たしかに正しいが、実はそれ以上の繋がりがある。

人間は頭の中で特定の言葉を特定の感情に結びつけるため、言葉は感情を表現するだけではなく、感情をつくり出す力も持つ。**嫌**という言葉はとりわけ強力で、「仕事が嫌だ」と頻繁に思えば思うほどより大きな嫌悪の感情を生み出してしまう。

したがって、嫌悪の状態から抜け出すための最初のステップは、自分の中に湧いた負の感情を少し控えめな言葉で表現することだ。次のように言ってはどうだろうか。

「いまの仕事は居心地がよくない」
「いまの仕事にあまり合っていない」
「仕事にいらつくときがある」

仕事が「嫌」だと口にする自分に気付いたときには、独り言でも誰かが相手でも、もう少し控えめな強さを抑えた言葉で言い換えるようにする。同じように「上司が嫌」だとしても、有毒な感情で自分を満たすのではなく、次のようにもう少しニュートラルな感情を生む表現を用いて毒を中和する。

「うちの上司は人付き合いが苦手だ」
「うちの上司の優先順位は理にかなっていない」
「上司とはときどき意見が食い違う」

もちろん、自分の現状を表現する言葉を弱めたところで状況自体が変わるわけではないが、過度におおげさに表現することによる事態の悪化は防げる。

3. 仕事の好きな面に焦点を合わせる

どうしようもなく不快で嫌な仕事がこの世に実在することには異論はない。あなたがその異常な仕事に就いているわけではないなら、仕事のなかにどうにか好きになったり楽しんだりできる部分がきっとあるはずだ。幸い、前のステップで自分を嫌悪の催眠にかけるのをやめたので、良い面に気付きやすくなっているだろう。

どれほど小さなものでもいいので書き出してみる。いくつ思いつけるかやってみてほしい。ゲームのように、記録を打ち出すつもりで。取るに足らないと思えるものも挙げておいて損はない。いくつか例を挙げてみるので足がかりにしてほしい。

- 朝の1杯目のコーヒー
- 毎日受付係が見せてくれる笑顔
- お客様の役に立ったという実感
- 通勤中にオーディオブックを聞くこと
- 大変な状況でベストを尽くしたという実感
- 有給休暇や病欠
- コーヒーの2杯目

・経験を積んでいるという実感
・これは一時的なものだと知っているから耐えられるとき
・こんなに馬鹿な失敗があるのかとびっくりしつつ笑ってしまうとき
・毎日何かしら仕事に関して新しいことを学べる
・前は頭にきていた意味のわからない仕事を、適当にあしらう楽しみ
・デカフェのコーヒーの１杯目

リストを書き終えたら、印刷して洗面所の鏡に貼る。朝起きた直後と寝る直前にリストを読み上げる。そうするといまの仕事でのパフォーマンスが上がり、現在の、あるいは将来の雇用主にとってもより価値のある存在になれるだろう。良い面に目を向けると余裕が生まれ、そうして次のステップもうまくいく。

4. 自分により適した仕事を見つける

自分が必要とし、所望するものと、いまの仕事が自分に与えてくれるものとの間にずれがあるなら、自分自身のために、そして上司と現在の同僚のためにも、別の仕事を探すべきである。

本書の**秘訣㉔「理想の仕事を見つけるには」**（⬇170ページ）と**秘訣㉕「採用面接の前にすべきこと」**（⬇178ページ）を読んでほしい。いずれのテクニックも、嫌悪と自暴自棄ではなく向上心と楽しみを抱いて取り組んだほうが、ずっとうまくいくはずだ。

まとめ｜仕事が嫌いだったら

○おそらくその嫌悪こそが、
あなたをいまの仕事に
とどめている

○使う言葉を弱めて
嫌悪の感情を減らす

○仕事のなかで
好きな点を繰り返し口にする

○プラスの感情を持つと、
より良い仕事が見つかりやすい

――大失敗をしてしまったら

いっときの感情にまかせて、言わなければよかったと思うことを口走ったり、相手を罵倒するようなメールを送ったりしてしまうことはある。成果を出さねばというプレッシャーに押され、不完全な情報を発信したせいで相手を誤った決断に導いてしまうことも。

失敗は常々起こるもの。失敗は人生の一部だ。天才ですらミスを犯す。だが失敗したとき、重要なのは失敗そのものではなく（それはすでに過去だ）、その後に何をするかだ。すべきことを順を追ってまとめる。

1. 深呼吸する

大きな失敗を犯したことに気付いた瞬間は、たいてい修正の行動を取るのに適したタイミング**ではない**。パニックモードに入っているときにする行動は問題を悪化させる可能性が高い。

たとえば上司と顧客Aとの会議で、あなたの会社が顧客Bに大幅な値引きをしたことをあなたが口走ってしまったとする。それを話題にすれば顧客Aも同等の値引きを求めるであろうことに、あなたはすぐに気が付いた。

その場で挽回を試みるのはまずい考えだ。顧客に「もちろん、大幅な値引きは当社の基本的な方針ではありません」などと言えば、値引きにいっそう注意を惹き付けるだけだ。会議室を去るときに上司に謝罪しても、同様に注意を惹いてしまう。

大失敗をしたと気付いてすぐにすべきことは、頭の中を問題解決のモードに切り替えて、**最初に**取るアクションではなく**正しい**アクションが思い浮かぶようにすることだ。

したがって、できれば深呼吸をして気持ちを切り替え、短い散歩にでも出るといい。行動を起こす前にいったん状況から少し距離をとろう。

先ほどの例でいえば、対応をあえて遅らせることで状況を見ることができる。もしかすると顧客Ａは値引きよりも短期納品のほうに興味があり、値引きにはもう触れないかもしれない。

しかし、仮に顧客Ａが値引きを**要求した**としよう。上司に対し、こう話してもいいだろう。大幅な値引きはいずれ顧客たちに知れ渡ることが多いので、あえてここで値引きについて話しておくほうが今後の顧客Ａとの関係維持に役立つのではないでしょうか、と。

失敗の気まずさに囚われないほうが、自分のへまに対する「創造的な解決策」を思い付く可能性はずっと高くなる。

2. 客観的な見方を取り入れる

普通の人なら、失敗の後には想像力が働いて、最悪のシナリオを描くことだろう。しかし、大失敗があなたにとってはとんでもないものに思えても、ほかの人からすればそう重大ではないかもしれない。

もしそれがあなたらしくない失敗なら、あなたを前から知る人は、単に本調子ではなかったのだとみなす可能性が大きい。だから修正は必要ないというわけではないが、あなたが考えるほど事態は悲惨ではないということだ。

それに、10年後、いやおそらく10日後には、他人はあなたの失態などきれいさっぱり忘れてしまうだろう。

実例として、かつて私は上司とある会話をした。後から思えば私はあまりにも理不尽な物言いをして上司に圧力をかけ、しかも、解雇されるか否かの瀬戸際にあった上司の評価を下げてしまい、その直後に上司は失業した。

10年ものあいだ、その会話を思うと私は**辛くてたまらず**、ついに勇気を奮い起こしてその上司に電話をかけて謝罪した。すると彼は覚えてすらいなかった。私の頭の中では巨大な存在となってのしかかっていたが、彼は遙か昔に乗り越えていた。

気まずい大きな失態も離れて見てみるとたいしたことはなかったと理解することで、その後の修正のほうに気持ちを向けられる。とにかく修正したい気持ちはわかるが、焦りすぎてもいいことはない。

3. 事実確認をする

距離と広い視野が持てたところで、現場に居合わせた誰かとともに大失敗を振り返る。与えた損害がどの程度かを知りたいため、質問の形で探りを入れる。例を挙げよう。

・「今日あなたの案に否定的な反応をしたとき、強く言い過ぎたかもしれない。嫌な気持ちにさせたかったわけじゃなく、悪気はなかったとわかってもらえる?」

・「昨日のプレゼンテーションの資料に誤ったデータを載せたといま気付きました。最終決定の前に新しいデータを配布する機会をもらえないでしょうか」
・「前回のスタッフミーティングで私が言ったジョークは、一部の参加者には不愉快だったかもしれないと悩んでるんだ。きみはどう思う？」

事実確認は、面と向かってよりはメールを介したほうがいい。当時の感情から距離をとることができ、失態の本当の重大性を見極める場を自分にも相手にも用意できるからだ。

4．謝罪して、起こした問題に触れる

事実確認で得た返答をもとに、気持ちを切り替えるために何をするべきかを判断できる。たとえばもし、「大変なことをしてくれたな、馬鹿やろう」のような回答があったら、謝り倒さねばならないだろう。一方で「ああ、たしかにむっとした／腹が立った／驚いたけれど、たいしたことじゃないよ」のような回答であれば、ちょっとした謝罪でよさそうだ。いずれの場合にも、謝罪はあなたの失態から生じた実際の問題（もしあれば）に言及するきっかけとなる。

例をいくつか挙げよう。

・「ジョン、過剰な反応をしてしまい申し訳なかった。直接会ってお詫びしたいんだ。そしてもう二度と同じような態度は取らないと約束する」

・「ジョーさん、見落としがあり申し訳ありませんでした。正しいデータにハイライトを入れた修正済みのプレゼンテーションを添付しています。こちらを参加者全員に送信しました。ほかに損害を軽減するために何かできることはないでしょうか」
・「ジェームズ、あんな愚かなジョークを言うなんて自分は救いようのない馬鹿だし、もう絶対に同じことはしない。皆がこれを乗り越えるには何がいちばん必要だろう？」

一般的には、謝罪はメールよりも面と向かって、もしくは電話のほうが効果的ではある。だが重要なのは失態について謝り、先へ進むことだ。

まとめ｜大失敗をしたら

◯即座に修正しようとせず、
考えるために時間を少しおく

◯最終的には誰も
気にしなくなると覚えておく

◯失敗がどの程度
深刻だったかを探る

◯謝罪したら、結果のフォローに
焦点を合わせる

秘訣38——プライベートで緊急事態に直面したら

プライベートの緊急事態とは、体力的・感情的なエネルギーを多大に注ぐ必要がある予測不能な出来事を指す。たとえば病気、家族の死、税務監査などだ。このような出来事は誰にでも降りかかる。この秘訣㊳では事前にしておくといい準備と、実際に緊急事態となったときにとるべき行動を解説する。

1. 上司の寛容さを観察する

プライベートの緊急事態により日常業務に支障が出たとき、どの程度大目に見てもらえるかは上司次第だ。たまの事態だからと理解を示してくれる上司もいれば、業務の遂行のみを気にかける上司もいる。

あなたの上司がどれぐらい寛容かを知るには、ほかの人がプライベートの緊急事態に直面した際の上司の反応を観察しよう。上司が示した同情や共感ぶりが、あなたの番が来たときにも繰り返されるだろう。

たとえば私のかつての上司は、私が鼻の手術からの回復期間として1週間休みをとったとき、「サボり」だと私を非難した。私は驚き、ひどく不安になったが、いま思えばその必要はなかった。以前から上司は同僚に対しても同じように冷淡だったからだ。

上司の反応の傾向を知っておくと、緊急事態に自分を守るにはどの程度の事前準備が必要かを予測できる。

もし幸運にも有給休暇をもらえる立場にあるなら、日頃から緊急時のために何日間かは取っておくのが賢明だ。休暇があなたの権利である限りは、緊急時に突然休暇を取っても上司は文句を言いづらいはずだ。

2. 日頃から早めにプロジェクトを終わらせる

締切り直前までプロジェクトを完成させずに途中で止めておく癖があると、たとえば鼻かぜのようなちょっとした緊急事態ですら、締切りを逃すリスクになる。日常的にプロジェクトを早めに終わらせていると、何か起きたときのための「余白」を得られる。

しかしここからが重要だが、その早めに終わらせたプロジェクトを馬鹿正直に早めに**提出**してしまうと、上司はあなたが受け持つ次のプロジェクトの締切りもおそらく前倒しにするため、あなたの余白は潰される。そうならないために、プロジェクトは早めに終わらせても締切りまでは手元に置き、締切りに合わせて提出すること。

誤解のないようにいうと、サボるために完了予定日を引き延ばせと勧めているわけでは**ない**。勧めたいのは、余った時間を先々のプロジェクトの準備に使うことであり、そうすれば次のプロジェクトも早めに終わらせやすくなる。

締切りより前に終わらせることの副次的なメリットは、提出する前にそのプロジェクトについて少し考える時間を持てることだ。私の場合、締切りぎりぎりまでかかるときよりも時間に余裕のあるときのほうが、完成度を大きく上げるちょっとした修正点を見つけられることが多かった。

とはいえ、日頃から早めにプロジェクトを終わらせることのいちばんの目的は、職場で誰ひとりとしてあなたの緊急事態に気付かないような、理想的な危機管理の体制をつくっておくことにある。

3. 他人からの頼みごとを引き受けておく

秘訣⑨「公明正大な社内政治」（➡80ページ）で、頼みを引き受けて誰にどんな貸しがあるかを把握するという戦略を教えた。貸しをつくるメリットは、たとえば、「家で問題が起きて対処しなきゃならないんだ。○○プロジェクトを完了しておいてもらえないかな？」などと、あなたがピンチのときに相手に助けを求められる点だ。

その同僚を以前手助けしたことがある、または前にもその同僚と同様の取引をしたので、後日確実に手を貸せるとわかっている（相手もそう認識している）なら、現実的なお願いだといえる。

ひとつ注意してほしい。自分の業務への支援を依頼することと、精神的な支えを求めることとは**別もの**だ。冷たいと感じるかもしれないが、同僚はあなたの個人的な問題に対処したくはない。同僚には同僚の心配ごとや問題がある。

プライベートな緊急事態について職場で子細に話すのは、職場への負の影響を大きくするだけだ。もし同僚が心から気にかけてくれていたら、その共感は同僚の仕事にも悪影響を与えるだろう。それほどではないなら、あなたの話は単に退屈なだけだ。

さらに悪いことには、同僚があなたの緊急事態を自分のキャリアアップのチャンスとみるかもしれない。あなたに課されていたやりがいある任務を代わりに担当しようと狙う可能性がある。

精神的な支えに関しては同僚ではなく、仕事外の友人、家族、医療従事者などのコミュニティを持って、気持ちの支えにするといいだろう。

4. 優先事項を交渉しなおす

こうして基盤を築いても緊急事態を乗り切るには不十分だった場合は、上司と協力して締切りを変更したり、プロジェクトを割り当て直したり、ほかにも周囲の人の仕事を妨げないよう工夫したりしなくてはならない。

そのような交渉を進める際には、「自分が楽になるか」ではなく、「業務をやり遂げられるか」を主軸に話をするのがポイントだ。可能であれば、プライベートで問題が発生したと報告するだけではなく、解決策も用意してから話し合いに臨もう。

もちろん、プライベートの問題を抱えながらこれをするのは難しいことだ。緊急事態にいちばんやってはいけないのは、業務の優先順位などに無駄に思い悩むこと。少なくともその状況のあなたにとっては、どうでもいいことのはずだ。

ただし、上司と同僚にとってはどうでもよくはない。周囲は同情や共感を多少抱いてくれるかもしれないが、それでも各自の業務をこなし、締切りを守り、さらには（おそらく）不在となるあなたの業務もこなさねばならない。したがって、できれば職場の誰にも迷惑をかけずに自分の緊急事態に対処できないかと、少なくとも誠心誠意努力と工夫はするべきだ。

とはいったものの、やはり、あなたがいちばんやるべきことをしなくては。

緊急事態に対処しよう。それが仕事をサボり、締切りを破り、周りの皆にフォローさせることを意味するのだとしても。自分の問題による影響を最小限に抑えようと努力したなら、後はやましさを感じることなく自分の問題に向き合っていい。

自分を大切にしよう。仕事はあなたなしでも何とかなる。

まとめ｜プライベートの緊急事態に対処する

○どの程度同情を
かけてもらえそうか探る

○プロジェクトを
早めに終わらせる癖をつける

○必要なときに
力を貸してもらえるよう、
他人からの頼みごとを聞いておく

○緊急事態が起きたら、
仕事への影響を
最小限に抑える努力をする

○自分を大切にするために
すべきことをする

一斉解雇が発生したら

世間の思い込みとは逆になるが、一斉解雇は大きな不幸とは限らない。実は事前に準備を進めて注意さえさえ払っていれば、その状況を有利に使うことさえできる。その方法を伝授しよう。

1．警告に気をつける

一斉解雇が発生するとき、多くの人は準備を整えていない。できれば現実を直視したくないからだ。すべてのことは計画どおりだし失業する危険などない、確実にコントロールできている、と信じるほうが気持ちの面では遥かに楽だ。

しかし、キャリアに関する決断は必ず現実に基づいて下したほうがいい。そして、見るべき現実として一斉解雇には通常次のような前兆がある。

○財務損失が半年以上続く

安定した企業がたった一度、四半期利益を出せなくても、たいした問題ではない。しかしそれが続くとなると、経営陣がとる対応策が効果を発揮していないことを意味し、経費削減のために会社は解雇に頼ると予想できる。

○経営陣が第三世界に足を運ぶ

大口顧客がいるなど、もっともな理由がない限り、労働力の安い地域に経営陣が足を運ぶというのは、会社が大規模なアウトソーシングの計画段階にある可能性が非常に高い。業務が移行する過程で一斉解雇は必須となるだろう。

○合併・買収

合併後の全体利益のほうが、単体の利益を足し合わせたよりも高くなるという狙いから、企業は他社との合併や他社の買収を行う。これには通常「余剰人員の削減」（すなわち一斉解雇）が伴う。最終的には失敗に終わる合併・買収も多く、結果として、より多くの一斉解雇が生じるハメになる。

○未公開株式取引

未公開株式取引のビジネスモデルに含まれる要素とは、（1）会社の資産を抵当に企業を買う、（2）一斉解雇を用いてその企業の価値を高める、（3）企業（またはその一部）を売って利益を得るが、たいていはここでさらなる一斉解雇を伴う。

○一斉解雇のうわさを公式に否定する

企業に関するほかのうわさとは異なり、一斉解雇のうわさは誰にとってもあまり利益とならない。だからこそ、そのうわさはだいたいの場合真実だ。最高幹部がうわさを否定するのは、重大とみるときのみ。つまり、結局そのうわさが真実であるときにのみ否定する。

2. 別の選択肢を育てる

上述のいずれかの警告が発せられたら、自分の脱出計画を直ちに実行しよう（**秘訣㉒「キャリアの安定を得るには」**参照➡158ページ）。何もせずに待つだけでは、社外の知り合いがほぼ被っている同僚たちと、一斉に同じ転職先を狙うハメになるだろう。

また、起業を考えているのなら、いまこそ本気で取り組むタイミングだ。ビジネスプランを書き出し、投資家を見つけ、さまざまな手配を進めて、必要に駆られたときにすぐに飛び移れる準備を済ませておこう。

3. 必要不可欠な存在になる

転職や起業など脱出する機会を探りながらも、いまの会社の経営陣にとってもっと価値ある人材になる方法を模索しよう。

ひとつ簡単な方法は、危機のさなかにも冷静で居続けることだ。一斉解雇発生前と進行中には社内じゅうに嫌な空気が漂うが、恐怖で動けなくなる者よりも貢献を続ける者が重宝される可能性が高い。

加えて、特に上司が苦手とする分野への貢献度をいっそう高めよう。たとえば、技術者に指示を出す必要がある上司に技術的な知識が不足している場合は、上司の代弁者となって技術グループと話す。

もちろん、別の選択肢を育てながらこれを行うのは難しい。残念ながらいまこそ、しばらくのあいだはプライベートを犠牲にせざるをえないときである。

4. 他部署への異動を考える

もしいまの場所で必要不可欠な存在になることができないならば、一斉解雇の矢面に立つ可能性の低い部署に異動することも考えよう。会社の合併やアウトソーシングが一斉解雇の理由である場合、その影響を最も受けにくい部署に異動する手がある。

たとえばあなたがカスタマーサービスの部署にいて、最高幹部がカスタマーサービスを専門とするパキスタンの会社とたびたび会議をしていることに気付いたとする。いまこそ営業やマーケティング部門に異動する絶好のタイミングだ。

一方、あなたがマーケティング部門にいて、最近会社が既存の自社製品とセットで販売する製品をつくっているメーカーを買収したとする。この場合マーケティング部門で人員削減があるのは間違いないため、技術部門への異動を考えよう。

複数の大企業で一斉解雇を観察してきた私の経験から、一斉解雇の対象は次の順で進められる傾向があることに気が付いた。

1 事務

生き残った幹部の直下で働く事務職の従業員は生き残るだろうが、それ以外は削減される。

2 マーケティング

マーケターは一般的には、戦略的機能を果たすというよりも営業部門に対してサービスを提供する存在と見られるため、一斉解雇の優先順位が高い。

3　カスタマーサポート

会社が状況を立て直すまで顧客は大目に見てくれるだろうというありがちな口実から、サポートチームが次の餌食となる。

4　製造

会社が利益をあげていないのだから、売れない製品の在庫はおそらく山積みだろう。さらに増産する必要があるだろうか。

5　技術部門

技術者は会社の未来を象徴する存在であるため、経営陣がその未来などないと判断したときに切り捨てられる。

6　営業部門

資産を守るために会社に利益をもたらす人間を解雇するようになってしまったら、事態はあまりに絶望的だ。

7　人事部門

おい、会社を畳んでいくときの山のような事務処理と法的処理は誰がやるんだ？

こうまとめてはみたが、一斉解雇をするようなお粗末な会社は、マーケティング部員を減らす前に営業部員をクビにするようなお粗末な行動を取る、お粗末な幹部が経営しているものだ。

5. 解雇手当を受け取る（もし提示されたら）

ここまで見てきた、会社にとって必要不可欠な存在になったり、比較的安全な部門に異動したりする策は、より良い就職先が見つかるまで仕事を繋ぐための保守的な行動だ。

失敗は許されない。一斉解雇とは会社への死刑宣告であり、もしそうまでいかなくとも、あなたの今後の働く楽しみやキャリアアップのチャンスへの死刑宣告である。

ほぼ決まって、一斉解雇は負のスパイラルを生み、会社が行き着くところは倒産か、抜け殻を別の企業に買い取られるかだ。

仮に会社が生き延びたとしても、どう考えても環境の悪化は避けられない。従業員は長時間労働を要求され、昇給額は下がり（または減給すらありうる）、あなたも恩恵を受けていたであろう些細な福利厚生さえも削られる。

そのうえ、会社に長く残れば残るほど会社のあなたへの約束不履行や不払いはかさむばかりだ。会社が倒れるまで待つのではなく、もしかすると持ち直すのではないかと思われているうちに脱出するのが得策だ。

最近は減ってきてはいるが、一斉解雇プロセスの第一歩として、希望退職者を募って割増退職金を渡す企業もある。そのような手当が提示されたら、受け取ろう。もし会社に残ったとしても、ゆくゆくは割増退職金なしに解雇される可能性が高い。

私のかつての同僚は、2週間分の給与×勤務年数25年、つまり1年分の給与額となる解雇手当を会社から提示された。彼はこれを受け取らずに職場に残ることを望み、ほかの選択肢の準備にも時間を割かなかった。そして、（惨めな）2年間を過ごした後、最低額の手当とともにクビになった。

6. 別の居場所を得る

最高のシナリオは、解雇手当を受け取った次の日から、より良い職場で働くことだ。その次に良いシナリオは、良い転職先が見つかるまでいまの仕事を続けること。最悪のシナリオはというと、脱出先の準備が何ひとつ進まないまま解雇されることである。

どのシナリオになったとしても、ひとつ共通する要素がある。あなたはその会社から抜けたのだ。仮に最悪のシナリオだったとしよう。とても聡明な男性にこう言われたことがある。「私が知る一斉解雇に遭った人は皆、解雇直後は狼狽(ろうばい)していたけれど、1年半と経たないうちに、あれはいまのところ人生でいちばん良い出来事と話してくれる」と。

まとめ｜一斉解雇への対処法

○一斉解雇が計画されていることに気付き、対策を立てる

○別の選択肢を必ず持つ

○一斉解雇が実行され始めてもパニックにならない

○可能であれば、矢面に立たされにくい部署に異動する

○割増退職金付きの希望退職を提案されたら受け入れる

○別の就職先からの良いオファーはすぐに受ける

ストレスで疲弊したら

ストレスは、頭痛、筋肉の緊張、筋肉痛、胸の痛み、疲労、胃の不調、不眠症、不安、焦燥感、意欲の欠如、集中力の低下、怒りっぽさ、憂鬱（ゆううつ）、摂食障害、依存症、ひきこもりなどを引き起こしうる。ここでは、ストレスを回避する方法を紹介する。

1. 労働時間は週40時間までとする

多くの企業や業界には、従業員に頻繁なサービス残業（すなわち労働時間が週40時間超〔訳注：アメリカで一般的な年俸制を想定している〕）を奨励する文化がある。残念ながら、その文化を前提として行動を決めると、時間を無駄にしてストレスを増幅させる結果に終わる。

長く働いた分だけ多くのことを成し遂げられるという説は迷信だ。１９００年代初めにフォード・モーター社は労働者を対象にいくつものテストを行い、週60時間の労働は（週40時間と比べて）生産性を一時的に向上させるだけだと発見した。長時間労働を３～４週間続けると、労働者の作業量は週40時間労働のときと比べて**減った**。ストレスが溜まり、簡単なミスが増えたことが理由だった。

仕事中毒の人は、仕事に対する熱意がない人と比べて自分は多くを成し遂げていると思う傾向にある。だが実際には、長時間労働は人を疲れさせ、体調を崩して仕事ができなくなったり、いい加減な仕事をしてやり直しや無駄が生まれたりするきっかけとなる。

2．ストレスで疲弊した人を避ける

人間の脳は、見たこと聞いたことを反映するようにプログラムされている。これは脳内にある**ミラーニューロン**〔訳注：他者の行動を見て、鏡のように自分も同じ行動を取っているかのような反応を示す神経細胞〕の働きによる。言い換えれば、人は他人のストレスを「取り込んで」しまう。

ストレスが溜まっている人を完全に回避するのは無理だとしても、できる限り接触しないよう努力したほうがいい。少なくとも自分の抱えるストレスに打ち勝つまでは。

自分のストレスを退治したら、今度は逆向きの効果が出始める。あなたの穏やかさもまた、他人に伝染するからだ。言い換えると、自分のストレスを減らすことは周りの人々のストレスを減らす助けとなる。

3．オアシスをつくる

ひと昔前の労働時間は9時から17時が一般的だった。現代のビジネス環境では24時間３６５日働ける（少なくとも応対できてしまう）というプレッシャーがある。いうまでもなく、このプレッシャーがあまりに多くのストレスを生んでいる。

このストレスを軽減する馬鹿みたいに簡単な方法は、コンピューターとスマートフォンの電源を切ることだ。眠るあいだだけではなく、寝る前の1時間と起きた後の1時間も。メールやメッセージなどを始終チェックする癖がついているだろうから、これには自制心が必要となる。

また、自信も必要だ。常に上司や同僚、顧客の言いなりにならなくてもいいと信じなければやり遂げられない。

4. コントロールできないものを切り離す

多くの人にとって、抱えるストレスの大部分は、いっさいコントロールできない物事に対する心配から来ている。経済、天気、交通状況、政治、他人の考えや感情、顧客の決断などだ。

これらを観察して先を予測することは、対策を練るには役立つが、いったん対策を決めてしまえば、それ以上思い悩むのはストレスでしかない（率直にいって馬鹿馬鹿しい）。

自分でどうこうできないものについて心配しても、短期的にも長期的にも良い変化はもたらせない。エネルギーを浪費し、余計なストレスが増えるだけだ。自分が変えられるものを変え、変えられないものは受け流そう。

5. 自分の仕事量を調整し直す

自分が処理できる仕事量を見誤ることも、ストレスの大きな源だ。上司や顧客から過度な仕事量を期待されることも同様である。

この類いのストレスの治療薬は、とにかく現実的になることだ。費やせる時間を把握し、やる必要のある仕事を見極めて、それに基づいて何をどこまでできるかを現実的に計算する。

A、B、C、Dの完了が要求されているが、実際には4つのうち3つを終わらせる時間しかない場合、どの3つを実施してどれをしないかを、自分で決めるか、または上司に決めてもらおう。

6. ニュースを見ない

ニュースとは、ほかのあらゆる媒体を介したエンターテインメントコンテンツと同じで、視聴者の強い感情をつくり出すことで利益を得ている。ビジネスニュースを除けば、つくり出される感情とは怒り、危惧、不安、恐怖、いらだちなど、ほぼすべてといっていいほどマイナスのものだ。

感情は仕事のストレスを少しのあいだ遠ざけてくれるが、それは別のストレスを追加することで行われている。「リラックスするため」にニュースを見たり聞いたりするなんて、二日酔いを和らげるためにビールを飲むようなものだ。

だから怒りや悲しみを感じさせるニュースに出くわしたときは、自分の生活に100%関係のあるものでない限り、チャンネルを替えるか、クリックして別のページに移ろう。

7. 断り方を覚える

多くの人がストレスを感じるのは、「やるべき仕事が多すぎる」せい。これは筋が通っているように聞こえるが、実はストレスをつくり出しているのは仕事ではない。その仕事を完了できなかったら何が起きるだろうかという不安が真因だ。

私が聞いたことがあるのは、自分が実際に達成できる量よりも10%多い量の仕事に取り組むと、まるで普段より50％多く取り組んでいるかのように感じられ、それが**より多くのストレス**を生み出すのだそうだ。これが真実かはわからないが、たしかに過剰な量の仕事を抱えると、自分が1日休んだらすべてが崩壊するのではないか（そんなことはありえないのに）と感じてしまうのは理解できる。

上司や同僚にノーと言うだけでは不十分だ。真の課題は、過度に仕事を抱え込もうとする自分にも言えるようになることである。良い習慣が何でもそうであるように、時間とともにより簡単に言えるようになる。

8. 現在にとどまる

おそらく最大のストレス源は将来への不安だろう。計画を立てるのは良いことだが、実はあまり将来について考えすぎないほうが計画はうまくいく。

なぜなら、現在にちゃんと根を下ろすと、災難が降りかかったときにもストレスに晒されにくくなるからだ。たとえば勤務中に突然、最大の得意先が競合相手に乗り換えたという知らせを受けたとする。もちろん、これを聞いてパニックになることもできる。

もしくはいまこの瞬間に留まり、その出来事が起きたことは頭に入れつつも目の前の作業をただ続けることもできる。そして、創造的な考えが浮かびそうなくつろいだ気分のときに、その顧客を取り戻す、または新たな顧客を開拓する具体的な計画を練る。

9. 馬鹿な人や見知らぬ人と口論しない

車を運転していると、分別がなく危険で迷惑な運転をする人を見かけるものだ。だがそれを見てかっかするのは時間の無駄であり、クラクションを鳴らしたり中指を立てたりして反応するなどもってのほかだ。

同様に、インターネット上で他人と口論するのは途方もなく頭の悪い時間の使い方だ。顔も見たことのない相手が何を考えているかが、本当に大切だろうか。

思い切って言うが、インターネットができて以来、オンラインの議論で誰かが誰かの意見を変えさせたことなど、いまだかつてない。インターネットを介したつまらない口論はどれも時間の無駄だ。

10. マルチタスクを避ける

複数の作業を同時に行うとまるでたくさんのことを成し遂げているような錯覚に陥るが、実際にはひとつひとつの作業の質は低くなる。結果としてストレスが溜まるのは、いくつもの作業を同時に行おうとしたからだけではなく、それが最高の出来ではないし、なるわけがないと心の中でわかるからだ。

反対に、ひとつのことに集中して高い品質で完了させると、達成感と精神の安定を得られる。たくさんの要求に支配権を握られるのではなく、**自分で**自分の人生の支配権を握れるようになる。

まとめ｜ストレスを軽減する

◯労働時間が週40時間を超えると
生産性はすぐに落ちる

◯ストレスは伝染するため
ストレスに翻弄されている人を
避ける

◯仕事から逃避できる場所を
確保する

◯結果を手放す
辛抱強さと視点を育てる

◯働き過ぎなら、仕事量を調整する

まとめ｜ストレスを軽減する

◯ビジネスニュース以外の
ニュースは人の
エネルギーを奪う

◯しっかりと
取り組めない仕事は断る

◯結果ではなく
目の前の作業に集中する

◯馬鹿や見知らぬ人と
口論しても何にもならない

◯マルチタスクは面倒なうえ、
どのタスクも高い質では
できない

恐怖心に支配されたら

ほとんどの人は自分の可能性を活かし切れていない。理由は単純。恐怖心に行動を制限されるからだ。拒絶される恐怖、失敗する恐怖、間違える恐怖、上司に怒られる恐怖、恐怖、恐怖、恐怖……何を恐れるかは問題ではない。恐怖を感じると、成功に必要なリスクを取らなくなるのだ。

恐怖心は自然な感情であり、有効活用できる。いつもより注意深く、物事をじっくりと考える必要があることのしるしなのだ。さらに重要なことには、次の段階に自分を押し上げるエネルギーと刺激をもたらしてくれる。恐怖心を活用する方法をここで説明しよう。

1. 慣れる

怖いと思うものに幾度も立ち向かい、取り組むほど、恐怖心は減る。たとえば閉所恐怖症などの恐怖症を治療する心理学者は、患者を恐怖の対象に少しずつ触れさせる。仕事で怖いと感じることを**せざるをえない**ときにも、同じ原理が適用される。たとえば飛び込み営業をして顧客開拓をしなければならない新人営業員は、拒絶されるのではないかという恐怖心を抱えて仕事を始めるだろう。やがて飛び込み営業が得意になる人は、拒絶がたいした問題ではないことに気付き、時間をかけて恐怖を克服する。

ほかにも仕事でよくある例は、無茶なプロジェクトを依頼されたときに断る恐怖だ。**秘訣⑥「理不尽な要求を切り抜けるには」**（⬇62ページ）で説明したとおり、これも経験するほど断るのが簡単になる。

怖いものに慣れるという方法で素晴らしいのは、時間とともに自動的に結果が出るところだ。恐怖で立ちすくんでしまわない限りは、いずれ何とかして対処できるようになり、恐怖心も減っていく。

2. 勇気ある行動をイメージする

自分の想像が生んだ感情と、外界の出来事により生まれた感情とを脳は区別できないというのは、生理学的な事実だ。**感情とは自分が何をするかであり、何をされるかではない**。

よって、恐怖を感じる行動を思い浮かべ、それでも平常心と自信を保ち、落ち着いて行動できる自分を繰り返しイメージするのは、現実世界で同じ行動をするときに実際にそう振る舞う訓練になる。

たとえば、人前で話すのが怖いとしよう。自分が人前で明瞭かつ心を摑む内容のスピーチをして喝采を浴びる様子と、そのときの感情を鮮やかに想像すると、実際に壇上に立ったときに良いイメージが蘇る。

3. 恐怖の輪郭を引き直す

絵の額縁は、境界線を引くことで絵に状況と意味を与え、どの部分が重要かを示してくれる。たとえば、集合写真の中の1人に枠をつけると、集合写真はポートレートに変わる。感情も同じだ。感情に対して自分が引く「輪郭」が、その感情をどのように受け止めるかを決める。

たとえば、為す術もなく小さな金属の箱に囚われ、頭と肩と腕だけ突き出して崖から落ちるところを想像してほしい。落ちる速度はどんどん上がり、堅く冷たい地面が近づいてくる——恐くてたまらないだろう。

これはジェットコースターと呼ばれている。「輪郭を取り直し」たことで、自分の意志で乗っており、ほぼ間違いなく地面に叩きつけられることはなく、何より自分はそれを楽しんでいるとわかる。

もしくは人前で話す恐怖という一般的な問題になぞらえよう。ベテランのアーティストでも本番前には緊張に襲われるが、舞台に上がる直前にその不安をエネルギーに変換する。結局、結果に囚われている人は、不安になるのだ。

4. 恐怖心を有効活用する

要するに、恐怖とは人を衰弱させる感情ではなく、行動に導く感情だ。前述のとおり、恐怖は行動を起こさねばならないというしるしである。陳腐な言い回しだが、「怖くていい、まずはやってみよう」という言葉にもそれなりの理由があるのだ。

これはビジネスのさまざまな場面に幅広く適用できる。たとえば、ある営業員が商談を持ちかけるのを怖がっていたら、それはまさに商談に入るべきタイミングに会話が到達しているしるしだ。とても有益なサインである。また、矛盾する言い方だが「安定した仕事」を失うのが怖いと感じたら、いましがみついている仕事が、もう「安定した仕事」ではなくなりつつあることのしるしだ。

私もプロの執筆家になるために会社勤めをやめるとき、この教えのとおりにした。恐怖心はあったが、自分が求めるものはわかっていたので、基盤を整えてからやるべきことをした。退職したのだ。あのときそうしなければ、あなたがこの本に出会うこともなかっただろう。

まとめ｜恐れを有効活用する

○恐怖心を制御する経験を
重ねるほど、
恐怖心の力は弱まる

○恐怖の対象を克服する
イメージをすると、
恐ろしさは減る

○恐怖とは
刺激が姿を変えただけのもの

○実行するエネルギーを
もたらすものとして
恐怖心を活用する

拒絶されたと感じたら

大きな仕事や重要な取り組みには必ず、自分以外の他人も関わってくる。よって勇気を出して踏み出すことは、他人から拒絶されるリスクに常に自分を晒すことと同義だ。

拒絶されるリスクと恐怖のせいで、人は大きな成長の可能性がある行動に踏み出せない。この秘訣㊷ではどのようにして拒絶されたときの痛みを和らげるかだけでなく、より大きな目標に到達する手段として拒絶を利用する方法を教える。

1．拒絶とは幻想だと気付く

拒絶とは、他人を巻き込んだ目標を達成できなかった人が浅はかに用いる感情論だ。1マイルを4分で走るという目標を立てたが実際には5分かかったという場面では、「拒絶された」などと感じる人はいない。拒絶されると、自分に「人格的な問題があった」と思いがちだが、それは単なる思い込みにすぎない。相手と自分がそれぞれ違うルールを持っていたせいであなたの目的が達成できなかった、というのが真実だ。人格の問題ではない。

たとえば飛び込み営業で、相手に罵られて電話を切られたとする。おそらく会話の序盤は良かったが、あなたの発言のどれかが相手の気に障り、電話を切られたのだろう。たしかに理想的な結果ではないが、自分が悪いことをしたと思い込むからこそ「拒絶」されたと感じるのだ。

問題は起きる。たいていは他人も関わっている。別のやり方をしていれば違った結果が得られたかもしれない。それでもどんな「拒絶」も、あなたが他人のルールを偶然破ったというだけ。言い換えれば、拒絶されたという感覚は、自分の感情に振り回されてしまった結果なのだ。

2. 拒絶から痛みを取り除く

「拒絶は幻想」だという紛れもない事実を私が幾度つき付けても、「それでもやっぱり拒絶されたように感じるんです」と言ってめそめそと泣きながら戻ってくる人がいる。**たしかに**人間は拒絶されたと感じるが、それは1つの理由からだ。誰かに関するある目的を達成できなかった場合にそれが何を意味するのか、わざわざ時間と手間をかけて悪い方向に想像するのだ。

じっくりと考えてみてほしい。なぜ拒絶されたと感じるのだろう？　その出来事の何がそれほど重大で、自分の評価やアイデンティティさえも脅かすと思ってしまうのだろう？　一歩引いて状況を眺めれば、拒絶の痛みは、自分が勝手に定めた他人に関するルールによって生み出されるものだと気付くはずだ。

・「飛び込み営業を5回も拒否されたから、今日はもう家に帰りたい」
・「そろそろ顧客に依頼する段階だとしたら、拒絶されたら辛いなあ」
・「経営幹部レベルは重要人物だから、私に対する評価は重要だ」

自分が決めたルールを絶対的に重視し、相手は相手で独自のルールを持つという事実を軽視するから、「拒絶された」＝自分が悪い、と感じてしまう。

拒絶の痛みを取り除くにはその思い込みに疑問を投げかけ、できれば恐怖よりも自信を生むより良い思い込みで置き換えるといい。たとえばこのように。

・「飛び込み営業ひとつひとつが新たなチャンスだ。過去は過去」
・「リスクを冒す価値のない関係性などは無駄だ」
・「気難しい幹部に対応しているということは、トップレベルで闘っているということだ」

3. 拒絶ひとつひとつを飛び石と思う

成功とはときにギャンブルである。史上最高のバッターとも言われるレジー・ジャクソンが、メジャーリーグの三振の記録保持者でもあるのは有名な話だ。

私が初めてのビジネス書出版を目指していたとき、何十人もの編集者に提案書を送ったが、「拒絶」の返事を山のように受け取った。私は落胆するのではなく、毎朝その返事を床の上に並べてまるで飛び石のように上を渡り歩いた。

そして、歩きながら自分にこう言い聞かせた。「拒絶の返事をもらえばもらうほど、もっといい契約に辿り着ける」。思ったとおり、私の本はランダムハウス社の目に留まり、結果としてプロ執筆家としてのキャリアの一歩目を踏み出せた。

私の母は営業の道で大きな成果を収めたが、「**拒絶＝金**」のようなスローガンを書いたポストイットを車の中や洗面台の鏡に貼っていた。長期にわたる成功を掴む楽な道などないと、経験から気付いていたのだろう。

拒絶を成功への一歩と捉えると、自動的に「拒絶」そのものから意識が逸れ、自分で制御できる問題のほうに焦点を合わせられる。

たとえば出資者が十分に集まらないなら、ビジネス計画を専門家と一緒に見直したり、手本となるより良いロールモデルを探したりしてみてはどうだろう。飛び込み営業に失敗し続けたとしても、計画どおりに営業を続ける。拒絶されたと落ち込むのではなく、別のアプローチを試してみようではないか。

まとめ｜拒絶を乗り越える

◯拒絶とは単に、他人は違うルールを持っているというだけのこと

◯相手を重要な存在にしすぎるから、拒絶に傷つく

◯拒絶をひとつ経験するたびに、必ず目標に一歩近づく

PART VIII

悪と闘う

出会いたくないものだが、ビジネス界にはたくさんの悪がはびこっている。最後となるPARTⅦは、その悪を察知して最悪の被害から我が身を守るための指針となるだろう。

ここに記す情報は危険でもあることを認識しておいてほしい。悪事を働く手法を説明しないことには、悪を見抜く術を伝えられないのだ。たとえば、卑劣な政治戦略を見抜く方法を教えるには、その卑劣な行為のやり方を教えることにもなる。

ここで伝える秘訣を使って悪事を働くことのないよう、強く忠告する。忘れないでほしいのは、あなたはあなた自身と共に生きていかなければならないこと。クソな行為をすると、クソな奴として生きていくことになる。この警告を念頭に置いて、PARTⅦを読んでほしい。

◎**秘訣㊸「卑劣な社内政治を阻止する」**では、あなたの利益にならない形であなたをいいように操ろうとする上司や同僚、従業員から、自分を守る方法を教える（➡302ページ）。

◎**秘訣㊹「マネジメントのトレンドとの付き合い方」**では、マネジメントコンサルタントや、彼らが勧める高額なメソッドの真実を暴き、骨折り損を阻止または回避する方法を教える（➡314ページ）。

◎**秘訣㊺「職場でうそを見抜く」**では、非常に巧みにつかれたうそを見抜くためのポイントを教える。これで騙されることなく自分の計画を実行できるだろう（➡324ページ）。

◎**秘訣㊻**「**いんちきな統計を見破る**」では、仕事の場で真実を曲げたり、ほかの従業員を欺いたり、さらにはいんちきなデータを正しいと「証明」したりするために数量的な情報を操作する人の手の内を暴く（⬇332ページ）。

◎**秘訣㊼**「**上司がつきがちな8つのうそ**」では、上司と部下のあいだに発生しがちなうそについて解説する。なぜそのようなうそが生まれ、うそをつかれた際に何を知っておくべきかも併せて教える（⬇336ページ）。

◎**秘訣㊽**「**上司にうそをついていい7つのタイミング**」では、モラルよりも現実を優先すべき状況について述べる。上司や同僚に真実を伝えずにいることが正当化される特定の状況がある（⬇342ページ）。

◎**秘訣㊾**「**安全に内部告発するには**」では、勤め先の倫理に反する行為や違法行為を発見した場合に、自分のキャリアを守りながらできることを説明する（⬇348ページ）。

卑劣な社内政治を阻止する

自分の望みどおりのものを手に入れるには、汚い社内政治を用いて他人を操ればいいと思っている人がいる。この秘訣㊸では、職場でありがちな9つの卑劣な手口を暴き、身を守る術も併せて紹介する。

1. 教育の機会

「**教育の機会**」とは、自分は避けたい業務やプロジェクトを部下に押し付けるときに上司が使う口実だ。教育の機会として受ける任務は、自分の価値を上司や社内に知らしめることができる真の任務とは異なり、教育の一環として与えられる単調な作業が多い。いまいる従業員に与えられるものと、新入り(特にインターン生)に与えられるものの2種類にわけられる。

いまいる従業員に与えられるのは、やる必要はあるが誰もやりたくないくだらない仕事だ。なぜ上司はあなたを選んだのか? おそらくほかの人と比べてあまり拒否しないからではないだろうか。

もうひとつ現実的に考えられる理由としては、上司は嫌な仕事を与えてあなたを辞めさせたいのかもしれない。クビにするのと比べ、事務処理にかかる時間も手間も省けるからだ。

新入りに与えられる教育機会は、無償インターンシップという悪名高い形態をとる。毎年何万人もの仕事見習いが、ただ働きも自分のためになるからと説得され、就職先を得るのに役立つと純粋にも信じている。ただ働きをした後に仕事を獲得するインターン生もたしかにいる。ただし、ただ働きをした**にもかかわらず**仕事を得たのであり、ただ働きを**したから**得たわけではないだろう。インターン終了後に報酬をもらえる仕事にありつけなかった人も山のようにいるから話を聞いてみるといい。

無償で仕事をすると同意した瞬間に、あなたは自分の労働の価値を自らゼロに設定したことになる。無償または破格の賃金で働くことは、単に自分の労働の価値を無または破格の安さに下げたにすぎない。

2. 石拾い

「**石拾い**」とは、上司が意思決定に必要だと言って、部下に役に立たない資料をつくらせたり用を言いつけたりすることをいう。この石ではないと、何度も拾いに行かせることもある。部下に作業をさせているあいだに、上司はその決断を引き延ばせる。

「石拾いの任務」には、きつくて役に立たないという2つの特徴がある。決断の必要性を迫られた上司から何かの実施や入手を依頼されたら、どんな内容であったとしてもまず一歩下がって、そのタスクの難易度と有用性を客観的に評価するといい。

その依頼が理にかなったもの（たとえば、意思決定の影響が及ぶかもしれない別グループのリーダーから承認をもらえ、など）であれば、それは石拾いではない。だが、オフィスの別の区画にデスクを移す許可を取りたいから50ページの報告書を書け、などといった途方もないものであれば、それは石拾いだ。

石拾いをさせられているように感じたら、上司はなぜ決断を下すのを渋っているのかを考えてみる。現状に変化が起きるから？　上司の権力を弱めたり、上司の選択肢を制限したりするから？　問題の根本的原因を探そう。

根本的原因の追及ならほぼ間違いなく、石拾いよりも有効な時間とエネルギーの使い方だ。上司が結論を避けたがる原因に思い当たったら、たとえば、「決断が難しい問題だと感じましたが、もしかすると私が知らない利害関係があるのでしょうか？」などと、直接尋ねて確認を取ってしまおう。

問題の本当の原因を解明すれば、ただ操られるだけでなく、上司と協力して決断すべきことに向き合う方向に話を持っていける。

3．生け贄（にえ）の子羊

悪いほうに進んだらあなたに責任を押しつけ、良いほうに進んだら自分の手柄にしようと、あなたを**生け贄の子羊**に仕立て上げる上司や同僚がいるかもしれない。

たとえば、ある同僚が賛否両論を受けそうな新案を持っており、あなたと共通の上司との会議で提案したいが、後でもしＣＥＯに酷い案だと言われたらどうしようと恐れている。様子見のための作戦が、代わりにあなたにその案を発表させることだ。

同僚はあなたのスライドづくりを手伝い、あたかも、もともとあなたの案であるかのように見せる。会議で案が非難されたら、同僚も非難する側に加わってやたらと中傷し、上司との結束を見せようとする。

ところがもしその案が評価されたら、同僚は議論に割って入り、「ジム、私の案を素晴らしい形で発表してくれてありがとう。ここからは私が詳細を説明しよう」なんて言いながら手柄を奪うだろう。

ただ、この策略はあなたが他人の提案を「請け負う」方向に誘導されたときにしか成功しない。したがって最も簡単な対処法は、適切なタイミングで相手に責任を返すことだ。

「爆薬をオンラインで販売すると当社の利益が2倍に跳ね上がると、このグラフが示しています」と言う代わりに、「フレッドが、爆薬のオンライン販売によって利益増が見込めるという予測をグラフにしました」と話す。

もしその案が非難されたら、もう一度、発案者はあなたではなくフレッドであることを強調する。案が称賛されても同じことをする。公平にいこう。

だが、上司から生け贄にされた場合、上司に責任を押し付け返すのはなかなか危険だ（「復讐するは我にあり」と主イエスならぬ上司は言われり）。したがって、発表者役なら喜んで受けるが身代わりはごめんですと上司に伝えてから、これは上司の案ですと発言しよう。

4. トランプ当て

トランプを使う手品のおよそ半分は、あらかじめ決めておいたカードを観客に引かせる手品師のテクニックにかかっている。観客がランダムに選んでいるように見えたとしてもだ。これが「**トランプ当て**」の策略だ。

ビジネス界で同様の場面とは、誰か（たいてい部下）が問題への対処法として3つの選択肢を提示し、いかにもあなたに選択権があるように見せるが、本当に実用的な案はそのうち1つしかないときだ。

たとえば、部下が大学時代の友人をあなたに採用してほしいと思っている。部下は候補者を3人提案した。

（1）部下の友人、（2）徹底的な訓練が必要となる不適格な人物、（3）職務に対して能力が高すぎるのでより良いオファーがあればすぐに去りそうな人物。結論は部下によりあらかじめ決められているのに、あなたは良い決断をしたと実感しながら部下の友人を選ぶことになる。

もくろみを成功させるために部下は、あなたが間違いなく真剣に悩みそうな、妥当な選択肢を2つ見つける必要がある。それも、その2つが選ばれてしまわないよう、妥当すぎてもいけない。

一方あなたは、偽の選択肢を提示されたと気付かなければいけない。この場合なら候補者リストを突き返し、「私は本当の意味での選択肢が3つほしいのだけど、あなたが提示したうち2つは現実的ではないね」と伝えるのだ。

十中八九、相手はむきになって弁解を始め、これはちゃんとした選択肢だなどとごねるだろう。それは無視してこう言おう。「どうにかして友人を選ばせたんじゃないのか？　私は本当の意味できちんと吟味、選択したいんだよ」

この返しの狙いは、自分は操られるつもりはないと相手に理解させながら、誠実な仕事をしたいと伝えることだ。

5．骸骨隠し

部下や同僚があなたに知られるとまずい、だが隠すといっそうあなたを怒らせそうな情報を持っている、という状況が「**骸骨隠し**」だ。

たとえば、あなたが率いる技術チームのある技術者が、自分が設計した製品の故障率が基準値より高いことに気付いたとする。しかし、その技術者は昇進候補に挙がっており、故障率のことがあなたにバレたら昇進は危険に晒される。

この場合に技術者は、故障率の件がもたらす影響は現時点でははっきりしないという形であなたに報告しようとするかもしれない。そして、昇進した後にその悪い情報が明るみに出たら、自分はすべて報告済みだと主張するかもしれない。

ありがちなのは、悪い情報を長いメールや報告書の終わり近くに（だが終わりにではない）、記すことだ。

また、悪い情報を表に出さないながらも隠す、つまり技術用語や専門用語を使う手もある。

隠された骸骨を探すには、主に常識と注意深い観察との組み合わせが重要となる。何か問題を含んでいそうな長い報告書を受け取ったら、まず文書の最後に移動して、そこから何段落か遡ってみる。骸骨があるとしたら、たいていその辺りだ。

普段はわかりやすく話をする人物が突然、少し難解な業界用語を使い始めたときにも、あなたの頭の中で危険フラグを立てねばならない。業界用語が耳に入ったら、最善の行動は単刀直入に「それは簡単な言葉で言えばどういう意味？」と尋ねることだ。

たとえば、長いメールの終わり近くに次のような文章を見つけたとする。

「現場から収集した不明なエビデンスの分析結果は、当社の製品は不適切な使用法、適切な使用法と不適切な使用法の組み合わせ、または推奨された使用法において、重大な不具合を引き起こし、さらには限定された環境下で製品を使用する人、使用した経験のある人、使用を試みる人に意図せぬ生命反応の停止をもたらす可能性さえあることを示しています」

この部分にざっと目を通して忘れることもできるが、それでは骸骨隠しをもくろむ相手の望みどおりだ。望みをかなえることなく、本当は何を意味しているかを問いただそう（この場合、隠された骸骨は「当社の製品は顧客を殺している」だ）。

6．議題を逸らす

会議で話が向かう方向が気に入らないと、参加者全員の気を確実に逸らせる問題を持ち出して、話題を変えようとする人がいる。**議題を逸らす**策略だ。

たとえば、プロジェクトの状況を確認するための会議を開いたが、ジルの進捗は芳しくなかったとする。非難を浴びたくないジルは、最大の得意先が別のベンダーに乗り換える可能性があるといううわさを持ち出す。

プロジェクトの確認会議は、迫り来る大問題を回避するための作戦会議へと突如方向を変える。この議題逸らしにより会議の残り時間は消え、すでに遅れが出ているプロジェクトの確認はさらに先の日付で（おそらくジルがもっと進めた頃に）行われることとなる。

議題を逸らす作戦は、会議の進行役が議題を変えさせなければそもそも成り立たない。すべての会議で議題を一覧にしておき、必ずそれに従えば、気を逸らす話題を持ち出す人がいても会議が脱線することはないだろう。

話が逸れ始めたと気付いたら、その新しい話題も重要だと認識していることを（仮にそうでなかったとしても）示したうえで、後ほど議論すると言って脇によける。進行役がそのように振る舞えば、ほかの参加者もやがて別の話題の議論は無駄な行為だと気付くだろう。

7．会議を乗っ取る

これは会議で話を逸らす策略にもう少し磨きがかかったものである。主催者が意図した議題とはまったく違う話題で会議を乗っ取ることが目的だ。

具体例を挙げて説明しよう。あなたが主催する会議に招待された同僚が、議題一覧には挙がっていない、もしくは議題とは相容れない問題について話をしたがっているとする。同僚は身勝手な目的を遂げるために**会議を乗っ取る**ことにする。

まず準備として、同僚は会議の参加者に含めるべきだと言って、予定とは異なるメンバーを提案してくる。そしてできる限り多くのメンバーと会議の前に直接会い、自分が望む議題を支持するよう根回しをする。会議中には、同僚は議事録をとる役を買って出る。同僚の味方たちが、あなたが用意した議題ではなく同僚の議題へと話の方向を変えていく。そして会議後には同僚が自分の議題に沿った議事録をまとめて皆に配布する。

会議を乗っ取られないようにする方法は2つある。まず、あらかじめ議題を明確に定め、会議前に参加者にもれなく配布すること。そして、自分が主催する会議の議事録は自分でも取っておくか、信頼できる誰かに委任することだ。会議終了直後にその議事録を配布すれば、乗っ取りを試みる同僚の先を越せる。

8. 手柄泥棒

こんな古い言い習わしがある。「地獄の王からは逃れられても、小さな悪魔に足を取られる」。これはまさに手柄泥棒に当てはまる。わかりやすいやり方、たとえばあなたがつくった資料に誰かが自分の名前を上書きしたというものなら、気付くのは簡単だ。

より狡猾な手口の手柄泥棒こそ、阻止が難しい。ほぼ完成間近のプロジェクトにするりと入り込んで手柄を独占し、それを繰り返してこれまでの**全キャリア**を築いてきた人たちを私は知っている。

手柄泥棒への最善の対応策は、誰かがあなたの手柄を奪おうとしている**可能性**がわずかでもあるなら、進捗報告書をまめに書いて関係者に配布することだ。

そうすれば、プロジェクトの貢献者や責任者は誰かという話が持ち上がったときには、その報告書を見せればいい。報告書があれば水掛け論にならずにすむ。

そして、手柄を盗もうとした人に、できれば人前でばつの悪い思いをさせられたら嬉しいだろう（泥棒が上司だった場合は例外だ。口を閉ざして報告書に任せたほうがいい）。

たとえば、ある会議で誰かがあなたのプロジェクトの成功について触れ、責任者は自分だったとしれっと言ったら、あなたはとにかく素早く（相手の話に割り込んででも）、その人はほとんど参加していなかったと指摘**しなければいけない**。

無礼な言い方をする必要はないが、単刀直入に言うべきである。たとえば「プロジェクトXの状況報告をしてくれたスティーブに感謝しています。ただ、責任者は私だという事実が彼のスライドからは抜けていますね」のように。

このような切り返しを2、3回すれば、誰もあなたから手柄を奪おうとは考えなくなるだろう。反対に、もしあなたが一度でも流されてしまったら、手柄泥棒はあなたをちょろい相手だと認識し、何度も奪いにくるだろう。

9. バナナの皮を投げる

これは本当に陰湿だ。あなたの失敗を密かに願う同僚や部下が、ここぞというときにあなたを陥れるための事実やうわさ話をこつこつとためているかもしれない。

たとえば、最高幹部の前であなたが重要なプレゼンテーションを行う直前に、（実は悪どい）部下がこう話しかけてくるかもしれない。

「あなたがアルコール依存症だってうわさが流れていますよ。さあ、頑張ってきてください！」

簡単に想像がつくだろうが、その話に気を散らされたあなたはプレゼンテーションに集中できず、大恥をかいて終わる。まさにその部下が望んだとおりの結果だ。

「バナナの皮」戦術がここまで効果絶大となる理由はただひとつ。心から自分のためを思ってくれているとあなたが（誤って）信じている相手から、皮を投げられるからだ。明らかな敵から同じ「情報」を聞かされても、あなたは軽く受け流すだろう。

したがってこの策略を事前に阻止するには、友人を装っている敵（**秘訣⑪「迷惑な同僚10タイプ」**で説明したいわゆる「えせ友達」➡93ページ）を見つけ出そう。

仕事の人間関係をひとつずつ洗い出して「私が成功したらこの人は得をするだろうか、損をするだろうか」と自問する。

なお、仕事の観点（「この人は私と同じ職位を狙っているだろうか？」など）と、心理的な観点（「この人は他人の成功を不快に感じるだろうか？」など）の両方から考えるといい。たとえば、誰か成功した人が災難に見舞われるのを見てシャーデンフロイデ（人の不幸を喜ぶ感情）を抱く同僚は、あなたが失敗したときにも影で喜ぶに違いない。

タイミングも重要な観点だ。あなたがどうしてもそのタイミングでその情報を知らなければならない理由がない限り、突然の暴露の真の目的はあなたの足元をすくうことだったと考えられる。本当の友人なら黙っていただろう。

まとめ｜卑劣な手を阻止する

○**教育の機会**：使い倒される前に回避せよ

○**石拾い**：上司は決断を避けているので決断を迫ろう

○**生け贄の子羊**
：騙される前に適切なところで責任を本人に戻す

○**トランプ当て**
：選択肢3つ中2つはいんちきだ。新たな案を要求する

○**骸骨隠し**：最後から少し前の部分を確認する。
専門用語に流されない

○**議題を逸らす**：協議事項から外れた議題に注意

○**会議を乗っ取る**
：会議の出席者を誰かの味方ばかりで固めさせない

○**手柄泥棒**
：進捗を記録し、手柄を盗む人に公然と立ち向かえ

○**バナナの皮を投げる**
：あなたの足を引っ張る人や発言は無視しよう

秘訣44――マネジメントのトレンドとの付き合い方

まるで時計のような規則正しさで、たいてい2年おきに、会社を**本当の意味で**生産的にするためにいまこそ新しいマネジメントの手法を取り入れようと宣言する役員が出てくる。

意外かもしれないが、マネジメントのトレンドは目新しいというだけで、流行っているわけではない。矛盾するようだが、一時的なブームとなるのは企業がとにかく次から次へと新たなメソッドに飛びつくからだ。

ここではマネジメントのトレンドワード9つを挙げ、会社がそのいんちきな万能薬にかじりついているとしても、変わらずにキャリアを築き続けるためのヒントを紹介しよう。

1．シックスシグマ

シックスシグマが何を表すかの解説はここではしない。インターネットでいくらでも調べられるはずだ。欠陥やエラーの原因を特定し、除去することで、業務プロセスの質を改善する考え方である、と言うにとどめておく。

理論的には悪くはないのだが、実際には漫画のような奇妙な世界だ。シックスシグマ理論の熟練度に基づいて、空手道場のように従業員に違う色の帯を与えるのだ。こうして「ベルト」を授与されたエキスパートたちが会社じゅうを走り回り、現場の人間よりも自分のほうが仕事のやり方をわかっているという顔をするという、階層構造が生まれる。会議につぐ会議の結果、ほとんど効果は現れない。

ではどうすればいいのか。あなたの会社がシックスシグマを導入したら、おせっかいな「エキスパート」が社内のいたる所で流れを滞らせるので、あらゆる業務が10〜20％長くかかると思ったほうがいい。

会社の生産性の犠牲は2年間ほど続き、やがて従業員たちは悪い夢でも見ていたかのように徐々に目を覚ましていく。ふざけたベルトを外し、シックスシグマなどなかったかのように振る舞う。したがって最善策は、ただときが経つのを待つことだ。

2. リエンジニアリング

リエンジニアリングは、経営幹部が大量の従業員をクビにするときに使うおなじみの婉曲(えんきょく)表現のひとつだ（ほかの例は、**規模縮小**、**人員の適正化**、**創造的破壊**、**合理化**、**通気を良くする**など）。

経営幹部がこの婉曲表現を使うのは、気取った専門用語を用いると、まるで単なる首切りではなく素晴らしい改革をしているかのように聞こえるからだ。ちなみに一斉解雇の理由はたいてい次のいずれか（もしくは両方）だ。

1　**計画策定の失敗**／経営者が会社を早く規模拡大しすぎた、ターゲット市場を設定しなかった、ビジネスモデルに必要な変化を受け入れなかった、などの理由による。

2　**株の売却益狙い**／ストックオプション制度で購入した株価を上げたい経営者が、利益率を短期的に上げて株価を一時的に上昇させる目的で、大勢の従業員を解雇する。

リエンジニアリングの計画を事前に見抜くのは難しい。私の経験から、一斉解雇が迫っている**確実な証拠**といえる3種類のメールがある。細かな表現は異なるだろうが、次のような主旨だ。

題名：事務用消耗品について

全従業員へ

さまざまな事務用品の使用量について、会社全体でいっそう責任をもって考えるべきだという認識に至りました。たとえば当社は年間100万個の書類用クリップを購入していますが、クリップは繰り返し使用できるはずです。

題名：飛行機移動について

全従業員へ

本日より、当社ビジネスジェットの利用は経営幹部に限ることとします。また、従業員が貯めたマイルは必ず出張にのみ利用するようにしてください。

題名：給与支払いについて

全従業員へ

不測のコンピュータートラブルにより、今週の給与支払い処理に遅れが出る予定です。現在技術スタッフが復旧に取り組んでおり、早期の解決を見込んでいます。

このようなメールが1件でもあなたの受信ボックスに届いたら、「リエンジニアリング」はそう遠くない。3つ目のメールが来たら「リエンジニアリング」は来週に迫っている。

もし会社が一斉解雇を何度も実施した、またはしそうなら、あなたがどれほど安全な部署にいるとしても いまこそ転職先を探すときだ。一斉解雇が根本解決にはなっていないことは明らかなうえ、会社が負のスパイラルに陥っている証なのだから（**秘訣㊴「一斉解雇が発生したら」**参照➡274ページ）。

3. マトリックス組織

ひとつの職能グループを複数の上司が共有するという概念。たとえば、設計者を集めたグループをつくり、設計部長だけではなく、マーケティング部長と最高技術責任者の直属にもするということだ。

結果は目に見えている。部長たちは我こそが部下グループを管理するのだと、しなくていい業務を探し出し、無駄な石拾い（➡303ページ）を命じる。こうして組織を弱体化に向かわせる終わりのない縄張り争いが始まる。

生産性もすぐに行き詰まる。私はマトリックス組織構造を採用している企業に勤めたことがあるが、従業員は毎週3つの部署の会議にそれぞれ3時間ずつ出席しなければならず、よって毎週9時間を会議に費やしていた。

デメリットはほかにもある。部長やリーダーを多く設置する仕組みのせいで、あっというまに管理職だらけの企業ができあがる。誰がいつ何の指揮を執るかを決めるだけでも大変だ。

この愚行が展開されるあいだもその会社に残ると決めたなら、目まいがするほど退屈な会議の時間はメールやメッセージの返信に使おう。ただし絶望する必要はない。マトリックス組織とはそもそも変動的なものである。だいたい6か月もしないうちに、幹部の1人が縄張り争いの勝者となり、マトリックス構造に終わりが来る。ここでも必要なのは、待つことだ。

4．コンセンサス（合意形成）によるマネジメント

コンセンサスによるマネジメントは、階層組織でよく用いられるトップダウン型の意思決定に代わり、重要な意思決定はグループ全員の総意によってなされるべきだとする理論だ。

意思決定に口出しする権利を全員が持つので、事実上、誰でも決定事項を拒否できる。すると、あたりさわりのない現状維持案ばかりが成立し、強い反発を招きかねない難しい決断は先送りにされがちとなる。

コンセンサスによるマネジメントは、「アビリーンのパラドックス」の影響も受ける。アビリーンのパラドックスとは、ひとりひとりは反対しているある方針が、単にグループの意見に反対したくないという理由で、満場一致で可決されることを指す。

コンセンサスによるマネジメントの良い面は、あなたが希望する方向に合意を導きやすいところだ。全員一致を条件とする会議では必ず議事録を取る役を買って出るといい。

議事録には、議論の流れをただ記録するのではなく、結論をはっきりと記す。これはチームにとっても有難いことだ。

5. コア・コンピタンス

一見これはなかなか良い考え方だ。他社を上回る自社ならではの能力に的を絞って注力することで、競合他社が簡単には真似できない戦略を立てることができ、自社が苦手とすることに無駄な時間を割かずにすむ。しかし、あいにく企業というものは、人間と同じで自己認識があまりにも甘い。自社の得意分野を正しく理解せずに、どう見ても並みの能力しかない分野を得意分野だと信じ込んでしまいがちだ。

より深刻なことに、このマネジメントメソッドを使うと、企業は過去に実施して成功したもののなかに閉じこもり、変化する環境に適応する力が弱まってしまう。

コア・コンピタンスのメソッドがあなたの会社に定着したら、唯一の避難所はコア・コンピタンスの内容を検討する委員会だ。委員会で議論に参加しつつ、会社が成功できる分野に自分も乗り移ろう。

6. 目標管理制度

目標管理制度（Management By Objectives/ＭＢＯとも呼ばれる）では、組織で目標を定め、管理者と従業員はそれに沿って活動する。そして、従業員が実際に出した成果を目標に照らし合わせて評価する。

表面的には何の問題もない。しかし、この非常にシンプルなはずのプロセスがやがてペーパーワーク地獄に変わってしまうので、ＭＢＯは「一時的な」流行の域を出ない。なお、本来の業務よりも計画と評価の作業に時間を多くとられる。

さらに悪いことには、細かくきっちりと目標をつくり込み、それに基づいて給与が決まる仕組みだと、何か予想外のことが起きたときに企業も従業員も簡単にやり方を変えられない。

ＭＢＯとうまく付き合うコツは、ＭＢＯのプロセスを自分の昇給や昇進の条件交渉に使うことだ。これについては**秘訣④「人事評価を有効活用する」**（➡46ページ）と**秘訣⑤「給与アップを交渉する」**（➡52ページ）で触れている。

7. ベストプラクティス

トム・ピーターズ著の『エクセレント・カンパニー』（講談社／１９８３年）の時代以来、マネジメントの専門家は、成功している企業の戦略と手法を真似すれば成功できると強く主張し続けてきた。

だが、ひとつだけ問題がある。そううまくもいかないのだ。世界トップクラスの企業、たとえばApple、コカ・コーラ、ＩＢＭ、Ｐ＆Ｇなどは唯一無二の企業だ。そこでうまくいっている（またはうまくいった）戦略は、違う業界やもっと小規模な会社では成功しない可能性が高い。

おまけに、「ベストプラクティス」本で取り上げられる「成功した」企業は、そもそも旬を過ぎていることが多い。『エクセレント・カンパニー』もそうだが、本文中で紹介されている企業のほとんどは、成功後まもなく深刻な問題に直面し、いくつかは倒産した。

幸いにも、「ベストプラクティス」で使われたマネジメントの流行メソッドは必ず、企業が実際に真似しようとする頃には廃れている。あなたのとるべき最善策は、とりあえずベストプラクティスへの賛辞を並べておいて、通常どおりに業務をこなすことだ。

8. スタック・ランキング

これは本当に悪質な手法だ。会社のパフォーマンスを年々高めるために、経営陣が従業員の上位20％に昇進、昇給、特権を与え、中間70％は引き続き雇用し、下位10％を解雇する。

理論上ではスタック・ランキングは能力主義社会をつくり、強化していくはずだった。しかし実際は、管理職と従業員の膨大な時間と労力が社内の政治闘争につぎ込まれる。

スタック・ランキング制を採用する企業では、管理職は部下の能力を伸ばすよりも、部下のランクを上げてやれば評価される。部下は自分の任務を果たすよりも、自分の評判を上げれば（そして同僚の評判を下げれば）昇進する。

スタック・ランキング制のある会社で働くなら、スターになれる部署に配属されることが成功のカギだ。そうすればトップにランクインして見返りを得られる。自分がどれほど周りより優れているかを上司に確実に知らせよう。また、有能な人材が集まったチームに配属されないよう気をつけよう。あなたよりもランクの高い人がいるに違いないからだ。

スタック・ランキング制を用いる会社に長く勤務すると、とにかく会社から出たくなるだろう。そうした会社は規模を縮小して革新性を失っていく（マイクロソフトとモトローラが頭に浮かぶ）か、混沌とした企業となって非倫理的な行動が横行し始める（エンロンのように）かだ。

9. リストラクチャリング

リストラクチャリング（事業再構築）は**再編成**と呼ばれることもある、決して廃れることのない流行メソッドだ。管理職の責任範囲を別の管理職にスライドして配置替えを行い、それに伴ってグループや部門の名称も変わる。

経営陣はリストラクチャリングが大好きだ。具体的に何かを変えるわけでもないのに大胆かつ戦略的な変更を行ったかのように錯覚するからである。大企業の多くがほぼ毎年リストラクチャリングを実施し、前回のリストラクチャリングの効果がなぜ出なかったかが説明されることはない。

企業にリストラクチャリングはいっさい必要ないと言いたいわけではない。企業が成長したり方針を変更したりする際に、あちこちに手を加える必要があるときもたしかにある。しかしたいていの場合、リストラクチャリングは実際の変化ではなく変化の錯覚をもたらすだけだ。

ほぼ必ずといっていいほど、リストラクチャリングは管理職同士の権力闘争を露わにし、「誰が勝ち組で誰が負け組か」の社内抗争ショーが繰り広げられる。その結果生じる大混乱が全業務を滞らせる。いったい何が起きているのか、自分は誰の下につくことになりそうで、それはどんな上司なのかに全従業員が気を取られるのだ。

リストラクチャリング後に新しく配属された上司は、部下にとってはまさに頭痛ものだ。新しい上司はたいてい、何か大胆な決断をして、得たばかりの権威を新しい部下たちに行使しなければと思っている。しかし新人りで状況をまったく理解していないので、そこで下す決断は必ず悪い方向へ進む。

もしあなたが会社でリストラクチャリングを経験したら、最もおすすめの対応は、社内政治のごたごたには無視を決め込み、じっと黙って自分の仕事を素晴らしいできばえでやり遂げる。できれば新しい管理職がやってきたらすぐに、重大な目標を達成しましたと報告できるといい。

まとめ｜マネジメントのトレンドと付き合う

○**シックスシグマ**
：おせっかいな人々が発生する。立ち去るまで無視

○**リエンジニアリング**
：つまり一斉解雇。脱出計画を発動せよ

○**マトリックス組織**：果てしない権力闘争だ。じっと待て

○**コンセンサスによるマネジメント**
：あなたが「コンセンサス」を支配する必要がある

○**コア・コンピタンス**：決定権のあるグループに入れ

○**目標管理制度**
：ペーパーワークなので、成果の記録に利用せよ

○**ベストプラクティス**：古い戦略を真似すること。
とりあえず戦略を称賛し、あとは無視

○**スタック・ランキング**：激烈な政治闘争を生む。
会社を去るか同僚を倒す術を身につけろ

○**リストラクチャリング**：新しい管理職がやってくる。
目標を達成して自分を印象付けろ

職場でうそを見抜く

うそを見抜けたほうがいい理由は2つ。1つ目は、意思決定は当然、誤った情報よりも事実に基づいて行うべきであり、うそをもとに良い意思決定はできないから。2つ目は、うそは一緒に働く相手の人格を知るヒントになるからだ。こそこそした動きを見つけたら、うそをつかれる前に察知し、それに応じて自分の計画を変えよう。

まずは、職場でありがちな基本的な4種類のうそを紹介する。

○明らかなうそ

発言者はAが真実と知っていながらBと言う。古典的なうそであり、4種類のうち最もわかりやすい。

○半分真実が混じるうそ

発言者は表向きには真実を言うが、限定された部分のみ話すことで聞いた人の誤解を誘う。

○間接的なうそ

発言者はうそをほかの誰かや組織のせいにして、表向きには真実を言う。

○**いんちきデータ**

データを誤って解釈されるであろう形にして人に見せる（**秘訣㊻「いんちきな統計を見破る」**で説明する⬇332ページ）。

1．明らかなうそを見抜く

明らかなうそには口頭と記述の2つがある。

記述よりも口頭のほうが多いのは、記述するとうそをついた「証拠」を残してしまうからだ。うそが口頭である限り、「誤解」されただけと言い張ったり、「言った言わない」の水掛け論に持ち込んだりできる。

発言者が明らかなうそをついていると示す8つのサインを教えよう。

1　発言者がそわそわしている、または不安を示す挙動を見せている。
2　発言者があなたと目を合わせない。
3　発言者が自信のなさを補うかのように不自然にあなたの目をじっと見る。
4　話がまるで幾度も練習したかのように聞こえる。
5　時間がたつと話が前回と変わっている。
6　発言者が自分は本当のことを言っていると強調する。
7　発言者にはうそをつくこの上ない理由がある。

8　発言者は過去にうそをついたことがある。

記述されるうその場合は、5～8が当てはまる。どのパターンであっても直感を信じることが大事。うそを言われているような気がしたら、おそらくそのとおりだ。

2. 半分真実が混じるうそを見抜く

半分は真実であるうそをつく理由は、見破られたりうそをついた罪悪感を負ったりせずに、うそをついて利益を得たい、つまり自分の利になるようにあなたを誘導したいからだ。

たとえばあなたの上司が、あなたの解雇が確定していると知りながら、進行中のプロジェクトは完成させてほしいと思っているとする。あなたが「私は解雇されませんよね？」と尋ねたとき、上司は「きみは解雇されるよ」と真実を伝えることも、「大丈夫だよ」と明らかなうそを伝えることもできる。

しかし上司からすると、どちらにもデメリットがある。真実を伝えると、あなたは進行中のプロジェクトの完了をわざわざ待たずに退社するかもしれない。だがうそを伝えると、上司はうそをついた自責の念にとらわれる。

したがって上司は、「安心しなさい、あなたの働きぶりは高く評価されているよ」などと、あなたに誤解させるような真実を伝える可能性が高い。この半分真実である発言を聞いたあなたは、解雇の心配はないと（誤った）結論を下してしまうだろう。

このようなうそを見抜くコツは、うそをついている可能性がある人を逃がさずに質問することだ。そうすれば相手は誠実と不誠実、真実とうそのどっちつかずの状態を維持するのが難しくなる。
先ほどの例をもとに、上司のフレッドはジルの解雇確定を知っているが、いまは重要なプロジェクトへの従事を続けてほしいと思っている状況を見てみよう。会話はこう始まる。

ジル「私は解雇されませんよね？」
フレッド「安心しなさい、あなたの働きぶりは高く評価されているよ」

ジルがこの回答をそのまま受け入れるなら、解雇の心配はないと思い込んで会話は終わる。そうではなく、ここでジルはフレッドの逃げる余地を狭める質問をするといい。

ジル「よかった。私は一斉解雇の対象ではないですよね？」

こうなるとフレッドは、「いや、一斉解雇の対象だ」と真実を伝えるか、「私はわからないよ」と明らかなうそを伝えるかの選択を迫られる。ここで明らかなうそを選ぶなら、フレッドのしぐさや態度があからさまに変化して、うそだとジルに伝わる可能性が高い。
当然、フレッドはまたもや半分真実のうそを選ぶだろう。

フレッド「最終決定がまだ出ていないんだよ」

しかし、再び曖昧な発言をすることによって、フレッドはジルに大きなヒントを提供している。私の経験論だが、曖昧な回答が2つ続いたら、その人はうそをついている（言い換えれば、半分真実のうそが2つ重なって1つの完全なうそになる）。

逆に、部下が上司に向かって半分真実のうそをつくとき、部下は答えをうやむやにして逃げようとしていることが多い。部下は断定的に聞こえる回答をするが、その裏にはいくつもの警告が隠されている。たとえば次を見てほしい。上司のジルと、部下で技術者のジムの会話だ。

ジル「このプロジェクトは期日に間に合うの？」
ジム「はい、専門技術者が月曜日に試験を終える予定です」

ちょっと待った！　ジムは試験の結果をまだ知らないのに、プロジェクトが期日通りに完了すると断言できるはずがない。したがってジムの「はい」は半分真実のうそであり、ジルにその点を追究すべきだと警告を発している。

ジル「試験が否定的な結果だったらどうするの？」

半分真実のうそをつく人を見抜くことができたら、その人物が信頼に値するか、約束や言質を信じていいかを判断でき、意思決定にもプラスになる。

3. 間接的なうそを見抜く

「間接的なうそ」とは、発言者が本当はうそだと知っている情報を「別の誰かから聞いた」と言って伝えることを指す。

たとえば、一斉解雇が目の前に迫っていることをフレッドは知っているが、それについて聞かれたときに「ジェリーは『それはないだろう』と言っていたよ」と答えたとする。フレッドは表向きには真実を言っているが（なぜならジェリーは本当に一斉解雇はないものと誤解しているから）、誤った情報に相手を導こうとする発言である。

もうひとつ例を挙げよう。どれほど誤った情報であっても、「うわさでは……」という言葉から始めると、表向きには真実になる。なぜなら、このような発言が実際に**うわさの発端**となるため、これは必ず「真実」になるからだ。

間接的なうそを見抜くには、うそと思われる発言の情報源を追及する。もし信憑性が足りないようなら、もっと単刀直入な質問をする。たとえばこのように。

ジル「一斉解雇は行われるんですか?」

フレッド「『ジェリーは『それはないだろう』と言っていたよ」

ジル「ジェリーはそれを確実に知ることのできる立場にいるんですか?」

フレッド「ああ……おそらくは……」

ジル「あなたの知っている限りでは、一斉解雇は行われるんですか?」

ここでもまたフレッドを、真実か明らかなうそのどちらかを選ばざるを得ない状況に追い込んだ。

まとめ｜職場でつかれるうそ

◯うそつきはボディランゲージを
見るとわかる

◯うそつきは本当のことを
言っていると過度に主張する

◯半分真実のうそは
表向きには真実だが
誤解に導こうとしている

◯細かい点を追及して、
半分真実のうそを見つけ出せ

◯間接的なうそとは、そこにいない
人物のせいにしたうそ

◯間接的なうそは情報源を
追及して見つけ出せ

いんちきな統計を見破る

『トム・ソーヤーの冒険』などで知られる作家のマーク・トウェインは、「うそには3種類ある。うそ、大うそ、そして統計だ」と書き残した。統計は仕事のあらゆる場面に散りばめられているので、事実を曲げて伝える統計を見極められるときっと役に立つ。5つの質問をするといい。

1. データの提供元は客観的な立場にあるか

統計の確からしさは、その裏にあるデータの確からしさと等しい。一般的には、データを収集した個人または組織がデータを偏らせることで利益を得られるとしたら、そのデータは偏っていると見ていい。たとえば大規模な環境汚染の原因となっている企業が、その汚染の無害さを「証明」する研究に資金を提供しているとすると、その研究を情報源とするデータには、ほぼ間違いなく偏りがあるだろう。そうでもしないとその企業は環境浄化に資金投入せざるを得なくなるからだ。

2. サンプリングは無作為か

企業は頻繁にオンラインアンケートを実施するが、そのアンケートに参加するかどうかはウェブサイトにアクセスした人が自分で決める。この「自分で参加を選択」したアンケートは無条件でいんちきとなる。仮に私が「当社のカスタマーサービスへの評価をお願いいたします」とウェブサイトに貼り付けたとして、わざわざ回答するのはカスタマーサービスにとても良い印象かとても悪い印象を抱いた顧客のみだろう。普通の顧客がどう思っているかを知ることはできない。

3．平均値を誤った考え方で使っていないか

いんちきの統計は、誤解を与えようと明らかに意図して平均値を使う。たとえば、1つの部屋に10億ドルの資産を持つ人が1人と、無一文の人が999人いるとしたら、この部屋の1人当たりの平均資産額は100万ドルとなる。正しくはあるが、誤解を招く統計だ。

信頼できる統計には、平均値よりも**中央値**の考え方が用いられる傾向がある。中央値とは、すべての値を順に並べたときに中央に位置する値のことだ。先ほどの例でいえば、1人当たりの資産額の中央値は、資産10億ドルの人がいようがいまいが0ドルとなる。

4．因果関係は本当にあるか

2種類のデータが関係し合っているように見えたとしても、確実に片方がもう片方の原因となっていると確認できるまでは、そこに意味があるかどうかはわからない。それに相関関係と因果関係は別ものだ。

たとえば、営業員が営業トレーニング講座を受講した後に売上収益が急増したとする。急増は営業トレーニングが原因かもしれないし、経済状況の回復のような関係のない別のものが原因かもしれない。

5．グラフに筋が通っているか

信頼できるデータだとしても、グラフの形にされると誤解を呼びやすい。たとえばグラフの目盛りをちょっといじれば、小さな差異をまるで大きな差異であるかのように見せられる（逆もしかり）。

左上のグラフからは売上額が大幅に増えた印象を受けるが、実際にはたった0・1％の売上増だ。

グラフを歪ませる別の方法として、わずかな量のデータをまるで大量にあるように見せる技がある。たとえば、9人の顧客に質問をしてそのうち8人が「はい」と答えたら、左下のような円グラフも作成できる。

だが、本当は顧客が何千人もいた場合、この9人が全顧客の代表であるわけがない。信頼できそうな統計ではあるが、実際には完全にいんちきだ。

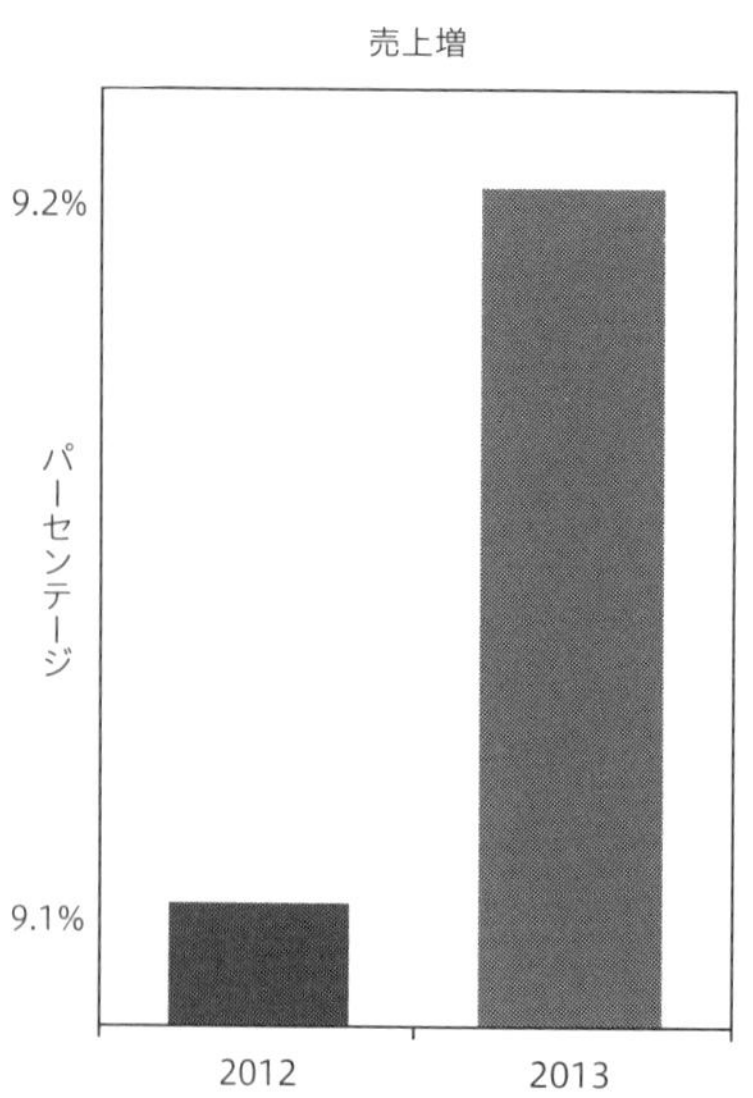

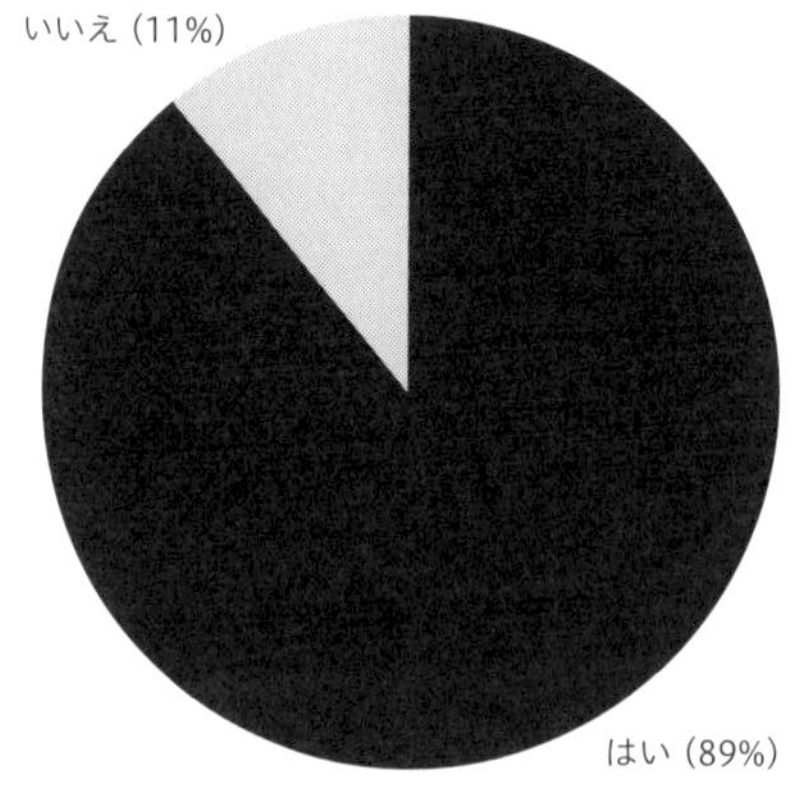

まとめ｜いんちきな統計

◯データの提供元が
統計で利益を得ている場合、
そのデータはおそらくいんちきだ

◯アンケート調査への参加を
回答者が自由に選べる場合、
その統計には意味がない

◯平均値の考え方はたいてい
悪用されている。
「中央値は?」と聞こう

◯同時に発生した2つの事象が
必ずしも関係しているとは言えない

◯グラフは統計を実際よりも
重要であるかのように見せる
傾向がある

上司がつきがちな8つのうそ

上司と部下の関係には力の不均衡がつきものであり、また「情報は力」であるため、多くの上司は特定の情報を部下に与えずに隠したがる。その際に上司は次のようなうそをつく。

1．「これ以上の給与を支払うことはできない」

このうそのカギは「**できない**」という言葉にある。もし会社に少しでもキャッシュフローがあるのなら、資金の投入先の優先順位を決めるのは上司だ。あなたの給与が優先事項に挙げられていないだけ。したがって本当は「**できない**」ではなく「**しない**」のだ。

理想をいえば、給与には、従業員ひとりひとりが創出する価値の量をある程度は反映していてほしい。しかしそれはほぼ無理なので、上司は従業員からの給与アップ要求の圧から逃れるために、しょっちゅう、うそをつかざるを得ない。

あなたのいまの給与額は、この額ならあなたが受け入れるだろうと上司が思う最低金額だ。よって、このうそをつかれたら、上司と結んだ雇用契約を見直す必要があるサインだ（**秘訣⑤「給与アップを交渉する」**参照➡52ページ）。

2.「きみの昇給額がいちばん高い」

年1回などの昇給タイミングでグループごとに昇給予算が固定されている企業の場合、上司は「きみの昇給額がいちばん高い」などと、ほぼ誰にでも言っている可能性が高い。

昇級交渉を自分で行う従業員が、もらっている給与額を他人に口外しないか、企業は神経過敏になる。情報共有されてしまうと、自分は軽んじられていると感じる従業員が出ることは避けられないからだ。同僚の給与額を知って憤慨して辞めていく従業員が出ることを恐れる上司は、そこで上述のうそをつく。この発言が本当にうそかどうかを見極めるには、細かいところを追及するといい（**秘訣㊺「職場でうそを見抜く」**参照⬇324ページ）。

3.「家族同然の仲じゃないか」

仲のいい家族は互いに隠しごとをせず、言いたいことを言い合える関係にあるだろう。だが職場でそれが実現することはまずありえないうえ、仮に職場を家族にたとえたところで、あまりに機能不全の家族になってしまう。

それどころか、最も悲惨な職場では、「不幸な子ども時代」のトラウマの原因となるような怒鳴りつける声、尻をぶつお仕置き、批判、裏切り、残忍さなどが、「上司と部下」版で再現される。

上司が上述のうそをつくのは、「家族」を怒らせたくないから昇給や昇進の要求はやめておこうと、あなたに思ってほしいからだ。したがってあなたが取るべき最善策は、そのうその前提を静かに否定し、上司とは個人的な付き合いではなく仕事の付き合いであると思い出すことだ。

4.「一斉解雇のうわさはまったくのうそ」

この主張は、一斉解雇が確実に実行されることを意味する。経営陣は、有能な人材を引き留めたいとき、もしくは憤慨して殴りかかってきそうな従業員の怒りを鎮めたいとき、このようなうそをつく。

この大うそに対して怒りを爆発させる前に、上司自身も背水の陣である可能性、手を汚す役を最上層部から任じられた可能性、上司自身も最後にはクビになる可能性などを考慮してあげよう。

どんなうわさでも、上司が否定した瞬間に真実なのだと確信できる。このうそをつかれたらすぐに脱出計画（**秘訣㊴「一斉解雇が発生したら」**参照➡274ページ）を実行に移すこと。

5.「私にはどうしようもない」

部下との約束を破ってしまいたいとき、または部下にとって不利な決断をした責任を取りたくないとき、上司は為す術がないふりをする。

〈**上司のつくうその例**〉

「約束どおり給与アップできるよう全力を尽くしたが、売上低迷で私にはどうしようもないんだよ」

会社の方針や給与規定に沿った決断なのだと主張すれば、上司はあなたの怒りの矛先を逸らすことができるだけでなく、少なくともあなたの希望に添う「努力」はしたという印象を与えられる。

しかし、方針や規定にも常に例外はあるもので、それには上司の尽力が必要となる。このうそを聞いて諦めるのではなく、要望をかなえてもらえるよう、もう少し粘ろう。

6.「労働時間は週40時間だ」

もしも上司が業務を労力ではなく所要時間で見積もっている場合、そしてあなたの報酬が時給制**ではない**（つまり年俸制など）場合、上司はあなたに週40時間以上働くよう圧力をかけてくるだろう。

これは単純な経済学だ。会社が時給制で考えるべき業務を給与制の従業員に割り当てる理由はただひとつ。実質無償で働かせられるからだ。

こうしたうそをつかれたら、サービス残業の圧力をかけられていると受け取ることができる。だが心配はいらない。この要求を理不尽なものとして扱えば（**秘訣⑥「理不尽な要求を切り抜けるには**」参照➡62ページ）、サービス残業を避けることはできる。そして自分の時間を正しく管理すれば、途方もなく長い時間働かされている人よりも多くの業務をこなせるだろう（**秘訣㉓「十分な時間を確保するには**」参照➡１６４ページ）。

7.「回答の匿名性は守られます」

一般的にこのうそは、会社や経営陣を評価するアンケートへの参加を従業員に求める際に使われる。マイナスの意見や見方を正直に伝えてほしいという意図がある。

ただし、雇用契約書にサインをした瞬間に、あなたはプライバシーを持つ権利を放棄した。だから匿名で意見を求められたときの最善策は「さりげなく酷評を込めて称賛する」ことだ。たとえ、「独立した外部の」提供元がアンケートをとっていると言われたとしても。

たとえば、もし「匿名で」上司への評価を求められても、「上司は無能で何もわかっていない」などと書いてはいけない。そのような愚直さははね返ってきて自分が痛い目に遭うので、あたりさわりなく「上司は働き過ぎです」などと書いておこう。

8.「参加は任意です」

このうそは必ず逆の意味を持つ。たとえば最高幹部が話をするような「ランチミーティング」への出席が「任意」とされているのは、「クビになる覚悟があるなら出欠は任意でどうぞ」という意味だ。

また、「任意」と書かれた慈善募金活動に寄付しなければ、仕事に悪影響が出るだろう。有名な歴史家エドワード・ギボンは、「支配者からの招待は、命令とほとんど同じ」という言葉を残している。

企業の世界では「**任意**」とは「**強制**」をオブラートに包んだもの。任意参加とわざわざ言われたイベントには、必ずいちばんに手を挙げ、決して文句を言ってはならない。

まとめ｜上司がつきがちなうそ

○「これ以上の給与を支払うことはできない」
真実：あなたの給与は優先事項ではない

○「きみの昇給額がいちばん高い」
真実：あなたはおそらく騙されている

○「家族同然の仲じゃないか」
真実：完全に機能していない職場

○「一斉解雇のうわさはまったくのうそ」
真実：一斉解雇はもう目前

○「私にはどうしようもない」
真実：あなたが望むものを得る努力をしたくない

○「労働時間は週40時間だ」
真実：プライベートの時間などない

○「回答の匿名性は守られます」
真実：悪い回答はあなたへの悪い評価になる

○「参加は任意です」
真実：参加は強制

秘訣48 ——上司にうそをついていい7つのタイミング

一見するとこの秘訣㊽は、本書の全体的なテーマとは逆行しているかもしれない。うそは職場のクソを減らすのではなく増やすからだ。

人間は他者とのあいだで「自分はうそをつかないし、あなたもついてはいけない」という社会契約を結んでいる。だが、ビジネスの世界ではこれが一方通行となる場合が多い。「上司はうそをついていいが、部下はいけない」と。これぞ真のクソだ。

給与や昇給、一斉解雇、労働時間などに関する虫のいいうそをつく上司は、人間としてのモラルある行動を自ら放棄している。ならば、部下に徹底的な誠実さを求める権利など、もはや彼らにはない。

もちろん、上司には常に本当のことを言いたいと、自分の意志で**選ぶのは**構わない。しかしこれから挙げる状況では、うそも率直さのうちと言えるかもしれない。

1. うそをつくことが仕事の一部であるとき

半分真実のうそで世間を騙すという要素をもとから持つ仕事もある。もし、あなたの会社の方針がそれなら、個人としても一貫性を保つのがいい。

上司はあなたにうそをつかせるためにあなたを雇ったのだから、あなたの口から常に真実を聞きたいなどとはいっさい思っていないはずだ。

たとえば、あなたが石油会社の広報担当だとする。

「実は地球温暖化については適当にうまくごまかしています」

などと上司に自白したところで、単なる偽善者だ。仕事の一部として多少のうそが必要ならば、そのうそをつき通すところまでがあなたの仕事だ。

2．同僚を守りたいとき

同僚の個人的な秘密を握っているときは、上司から探られたとしても、同僚の秘密を守ってやる義理がある。

たとえばジョーから電話があり、午前3時までウイスキーを飲んでいたせいで今日は気分が悪いと聞いていても、上司には「ジョーの欠勤の理由はわかりません」と返しておこう。

あなたの責任範囲外で起きたさまざまなミスについても同じだ。たとえ誰のせいで起きたのかを知っていたとしても、あなたがやるべきことは職場の告げ口屋になることではない。第一のルールは自分の業務に集中することだ。

3．自発的に転職活動をしているとき

転職先を探しているとバレたら、いまの職位や権限を失うような罰則が与えられるかもしれない。希望の

転職先が見つかる前にクビになる可能性すらある。

不愉快な仕打ちに邪魔されることなく転職先を探す権利があなたにはあるので、転職活動を秘密にするために必要なうそは、何であれ遠慮なくつこう。安心しよう、上司だって転職先を探すときには同じことをするのだから。

4．上司がへたなジョークを言ったとき

上司を持つとは、上司がどれほどくだらないジョークを言っても笑わなければならないということだ。同じジョークを聞かされるのが10回目だとしても、そもそもまったく面白くなかったとしても、部下たるもの、楽しんでいるふうにくすりと笑わなければならない。

若干の屈辱さえ感じるが、このように考えてほしい。上司は少なくとも周りを楽しませようとはしている。雰囲気を柔かくしようという心意気は褒めてやってもいいではないか。だから笑おう。あなたがメンツを失うこともない。

5．上司に真実を告げた人が非難されるとき

上司が、自分にとって不愉快な真実を伝えに来た人を責めるのは、そのような真実を聞きたくなかったという気持ちの表れだ。

たとえば、容赦なく現実的な、つまりぱっとしない販売予測データを提供した営業部長に対してＣＥＯがひどく小言を言う場合、ＣＥＯはうそを求めていたということだ（「売上高は**上がります！**」と断言してほ

しかったのだろう)。

このような上司に辛い真実を伝えてもかまわない唯一の例外は、あなたが転職を決めた**後**だ。実際問題、真実を告げる部下を責める上司を持ってしまったら、さっさと別の上司を探したほうがいい。

6．上司が知らないままでいたいとき

あなたが事実を伝えたせいで、上司がクビになったりグループの予算が削減されたりしないよう、上司がうそをついて立ち回るハメになる場合がある。そうなると、あなたの報告は上司にとっては迷惑だ。

魔法の質問を教えよう。

「**本当に**事実を知りたいですか？」

と聞くのだ。上司が「いや、あまり」などと答えたら、わざわざ報告するなということだ。倫理に反する行為というわけではないので、しっかりと口を閉ざしていい。

7．上司にはいっさい関係のないとき

上司があなたの宗教、政治思想、プライベート、性的指向、食習慣、たばこの銘柄など、仕事の成果に直接影響を与えないことについてしつこく質問してきても、あなたに答える義務はない。

回答を拒否すること自体が回答になってしまうので、「答えられません」と言うわけにはいかない場合もある。そんなときは、上司が納得しそうな回答を適当に返そう。

世界の大半の地域では、企業はやろうと思えば従業員のすべてを監視できる。血液検査を求めることすら

でき、つまり、あなたの身体の一部を「所有」すらできるということだ。だから、残されたプライバシーの最後のかけらには必死でしがみつこう。それがちょっとしたうそをつくことになるのだとしてもだ。

まとめ｜上司にうそをついてもいいタイミング

○世間にうそを言う必要がある
仕事のとき

○上司があなたに
同僚を裏切らせようとしたとき

○転職先を探しているとき

○上司がひどいジョークを言ったとき
（とりあえず笑え）

○上司が真実を告げた人を非難するとき

○上司があなたに
事実を言わずにいてほしいと
心の底から望むとき

○上司があなたのプライベートを
詮索するとき

秘訣49 安全に内部告発するには

最後に、できることならこのような状況に一度も直面せずにすむよう願っているが、会社の非倫理的な行為や違法行為を見つけたときにすべきことを伝授しておきたい。まず、選択肢は4つある。

1　肩をすくめてただ忘れる
あなたが逮捕されるわけではないのだから、気にかける必要などない。

2　会社を辞めてただ忘れる
自分のキャリアに傷がつかぬよう退社する。その後はいっさい気にかける必要などない。

3　公に内部告発する
不正行為を晒し、自分の仕事を失い、十中八九、自分のキャリアも崩れる。

4　こっそりと内部告発する
騒ぎに巻き込まれることなく、そしてキャリアに悪影響を及ぼすことなく不正行為を晒す。

この章のタイトルに「**安全に**」とあるように、ここでは4つ目の選択肢に的を絞る。

1.「本当に変化を起こせるだろうか」と自問する

株式公開企業とは、社会性を欠く、さらには反社会的な行動を取る性質をもともと持っている。とにかく最大の利益をあげるよう株主に合法的に拘束されているのだ。たとえ行動の結果として、強奪や奴隷制度、環境破壊、子どもなどの罪のない人々の死が引き起こされるとしても。

こうした企業の行動を抑止する方法は2つしかない。1つ目は法律をつくって企業が不正行為に払う代償を大きくするような規制を政府に設けさせ、企業が不正行為から利益を得られないようにすること。2つ目は不正行為を世の中に公表して、腐敗に関わりたくない顧客や投資家、従業員にその企業から距離を置かせることだ。

残念なことに、企業の利益と緊密に繋がり合っている政府は多く、利益を損ねる罰金や逮捕を企業が免れられるよう、大きな抜け穴を用意している。

また、世間はそうした行為の直接の被害者ではないうえ、低価格というメリットを企業から享受していることもあり、企業の恐ろしい不正行為を驚くほど簡単に受け入れてしまう。

というわけで、内部告発に踏み切る前に自問自答すべき最初の質問は、その告発に大きな関心を持つ人が本当にいるかどうかだ。内部告発をしても何ひとつ変わらないのなら、どうしてする必要があるだろう。

2.自分の立場をよく考える

内部告発という大きな任務においていちばんやってはいけない馬鹿な行いとは、あなたの上司、さらに上の上司、上司の同輩、その他会社で権威を持つ誰かしらに目を付けられることだ。

全員がすでにすべてを知っている可能性は高い。それどころか、経営陣はおそらくありったけの頭脳と精神力をつぎ込んで、あなたが爆弾を投下しようとしている不正行為について**知らぬふり**を決め込もうとしているだろう。

経営陣を介して非倫理的な企業活動に立ち向かおうとしても、あなたは確実に地位を失い、かなりの高確率で職を失うだろう。仮に失業せずにすんでも、やがて誰か別の人が内部告発をしたときに、あなたが告発者ではないかと疑われる。

悪いことはさらに続く。あなたはもめごとを起こす人間だと自白したわけであり、信用ならない人間としてマークされることになる。もし秘密が公になったら、経営陣があなたに全責任を押しつける可能性すらある。

告発内容がかなり凶悪ならば、犠牲を払う価値はあるだろう。ただ、本当に犠牲者になりたいかよく考えよう。もしなりたいなら、あなたは内部告発を自分のためというより、告発によって助かる人のために実行したいのだろう。ただ、とにかく事前によく考えてみてほしい。

3. 不正の証拠となるデータを集める

あなたが先に進むことを決心したとしよう。次に必要なのは、非倫理的な行動が実際に行われたことを証明するデータと、その行動を知っていて止めることができたはずの人物（つまり経営陣）の情報だ。

データを集めるうえでいちばん重視すべきは、あらゆる情報にあなたの指紋（デジタルもその他も）を残さないこと。会社側はおそらくパソコンや携帯電話の操作を監視できるので、かなり難しいかもしれない。例を挙げると、証拠となるメールを政府機関に転送するとき、そのメールにはあなたに紐付く情報がどこかに含まれている。携帯電話で撮った写真も同様だ。

そして十分に警戒してほしいのが、政府機関にはおそらく、あなたが情報の提供元であると会社の経営陣に知らせる**誰か**がいる。さすがに疑いすぎだと思うかもしれないが、これがまさに社会で起きている現実だと認識してほしい。

したがって、証拠となる情報を集める唯一の安全な手段は、デジタル媒体に含まれる個人情報をすべて無効にするアナログのステップ、つまりコピーや印刷を介することだ。

4. 会社を去り、その後にリークする

不正を証明する証拠を収集し終えたら、必ず退職した後に爆発させる。退職前に告発してしまうと被害を受けるのはあなただと、私が強く断言する。

理想をいえば、倫理的に問題のある企業に勤めていると気付いた瞬間に、いまの会社とビジネスモデルが被らない転職先を探し始めるといい。

退職から少なくとも2か月は待ってから、収集した資料のコピーを、次のいずれか適切な場所に匿名で送付する。

・暴露情報を取り扱うニュースソース（見つけるのは難しいが）

・不正行為に関する権限を持つ政府機関
・このような犯罪行為の取り締まりを担当する法執行機関

匿名で送付する際の「**匿名性**」には厳重な注意を払うこと。あなたの家や職場から遠い郵便局から資料を発送すると、消印からあなたが絡んでいることを予測されずにすむ。資料には自分との連絡手段などはいっさい**入れない**こと。

記者や政府官僚、法執行者のなかには、特殊なスキルを使って、資料からあなたを嗅ぎつける人がいるかもしれない。警告：どれほど細心の注意を払っても、バレる見込みは割と高い。

まとめ｜内部告発する

◯本当に変化をもたらせる
可能性がある場合のみ
告発する

◯経営陣に直接不満を伝えては、
あなたが苦しむはめになる

◯不正行為の証拠を
ひっそりと集める

◯資料をリークする前に
会社を辞める

謝辞

本書があるのはひとえに、私の発想を形にする後押しをしてくださった担当エージェントのローリン・リースと編集者のグレッチェン・ヤング、Business Plus の発行者リック・ウルフ、副編集者のアリソン・ルドルフのおかげだ。

また、Inc.com でお世話になっている敏腕エディターのニコル・カーター、レイチェル・エルソン、ニコル・リチャードソン、そしてCBSからInc.com に移るときに私に声をかけてくれたチーフエディターのエリック・シュレンベルクにも大変感謝している。

ほかにも各方面でお世話になった方々にここでお礼を述べたい。

迷惑な同僚に関する章は、シルビア・ラフェアの素晴らしい著書『Don't Bring It to Work: Breaking the Family Patterns That Limit Success』(未邦訳)をもとにした私のブログが原型だ。同僚についてのカテゴリー分けは私のオリジナルだが、このように同僚を分類するアイデアはシルビアからいただいた。

また、卑劣な社内政治に関する章は、基本的には私自身の経験がもとだが、コリン・ゴートレーとマイク・フィップスの著書『21 Dirty Tricks at Work: How to Beat the Game of Office

Politics』（未邦訳）が参考になった。私が駆け出しの頃、卑劣な手に騙されそうになったときには必ずこの本を思い出していた。統計を使ったいんちきに関する章は、『統計でウソをつく法』（講談社、１９６８年）が根底にある。

初対面の相手とコネクションを構築する章は、バリー・レインが教えてくれたエレベーターピッチ（短時間で要点を伝える会話）の考え方に基づいている。コーチングに関する私の考え方はリンダ・リチャードソンの影響を大いに受け、本書全体に散りばめられている「拒絶」との付き合い方は、アート・モーテルに指導を受けた。

マネジメントの流行メソッドに関する章は、友人ジェフ・プラットのお世話になった。彼は四半世紀勤めあげた（ものすごい功績だ）会社でのマネジメント経験について、よく話を聞かせてくれる。

普段からお世話になっているPure-text.netのコピーエディター、ローレン・ルイスは、草稿への提案や修正を与えてくれた。また、友人のラリー・ジェイコブス、デイヴィッド・ロットマン、ゲルハルト・グシュヴァントナーには、本書執筆のあいだ、ずっと励ましとインスピレーションをもらった。

素晴らしい妻ナタリーと、こちらも素晴らしい我が子アレクサンダーとコーデリアにもとても感謝している。

これから挙げる私のニュースレターの購読者の方々には、本書執筆中に草稿をレビューしていただいた。カティア・アホカス、アン＝マリー・アンティック、ジョン・バンクス、カット・バーナード、イアン・M・ベイツ、キム・ブレア、ケヴィン・ボスウェル、グスタヴォ・ブラム、ポール・ブルクハルト、イヴォンヌ・バーンズ、サラ・バイフィールド、ヴィト・キャロズー、バーナード・チェイジ、レスリー・クレメンツ、ラリー・コペンラス、ミシェル・クラフト、ネイサン・クレイブン、ローリ・クライダー、ティム・クロムウェル、オトマラ・ディアズ＝クーパー、トロイ・ドレイパー、ローラ・キャリントン・ダケット、アーマ・デュラナイ、スティーブン・エルツェ、ジョナサン・フィアロン、カースティ・フィオラ、オリヴィエ・フォンタナ、スー・ガーバン、ヘンリー・ガーチャー、ジョン・ジアトニア、ニコル・グリーン、スティーブ・ハンブルグ、ポール・ヘリング、ロブ・ヒル、ペグ・ホスキー、メアリー・ヒューム、ローリ・ハンフリー、カティ・ハント、フランクリン・R・ジャリーン、ターニャ・ジョーヴァン、ブライアン・ケラー、ウェイン・キルンス、パット・キニソン、リンダ・マリア・コルダウ教授、ケヴィン・ランド、ロレリー・ルイス、ロレンツォ・マルテッレッティ、デール・マーティン、ライアン・マッカートニー、ボブ・マッキンタイア、グラント・マクナルティ、スリナス・ミトラゴトリ、ジェームズ・ネイピア、サミュエル・ネイベル、ジム・ニューカーク、エリック・ノアック、トム・ノーザル、イヴォ・オルトマンズ、ダーウェン・ペン、クリステル・ヒューヒティア、ステファニー・クェイル、スティーブン・レヴェル、トニー・ローチ、レイ・ロバーツ、らニー・ロッテンベルク、ジョン・ロー、ジョージ・スケルマ、デイヴィッド・シュミット、ローレン・セリコフ、エリック・シェファーマン、ダン・スペイセック、アレックス・スプレッター、コンフィデンス・スティンプソン、アンドレイ・ストイカ、ヤクブ・スロット、ティム・タガート、ローレン・

タルボット、アダム・ティルマン、ポール・トロイージ、リー・タッカー、スーザン・タイソン、ラハト・ツヴァイ、リック・ヴァルデセリ、ジェームズ・ヴォス、ライアン・ウォーターストラト、トロイ・ウィリアムズ、スティーブ・ウィンダム、タッド・ウーリー。

最後になるが、私のブログの何百万人もの読者がそれぞれ気に入った記事に反応し、拡散してくれたおかげで、私の中にあったアイデアを成功の秘訣へと成長させることができた。読者の皆さまに、本書を捧げたい。

ジョフリー・ジェームズ

訳者あとがき

本書は、働いていれば必ず出会う「クソ」みたいな状況を回避して最速で目標を達成するノウハウを、49の秘訣にまとめたものです。上司から理不尽な要求をされたら……、優柔不断な同僚にイライラする……、部下をもっと上手に叱りたい……など、職場でよくあると思われるシチュエーション別に、具体的な手順を丁寧に解説しています。後半に進むにつれ一斉解雇や内部告発など、かなり重いテーマにも話が及びます。

原書『Business without the Bullsh*t』は、著者ジョフリー・ジェームズの9冊目の書籍として2014年にアメリカで発刊されました（邦訳は本書が1冊目）。「ビジネスとは単純なもの」と言い切り、ビジネスという幅広いテーマをこれでもかというほどコンパクトに圧縮し、無駄な悪しき習慣をばっさりと斬る実用的な書として、現地のビジネスパーソンから総じて高い評価を得ています。

1953年生まれの著者は、システムエンジニア、マーケター、ライターとしての経歴を持ち、大企業、中小企業、フリーランスと渡り歩いてきた、ビジネス界の酸いも甘いも噛み分けた人です。2007年2月からオンラインでビジネス記事の執筆を始め、主にInc.com（有料）やLinkedIn公式ブログなどで今も連載を続けています。最新のビジネスニュースから、チョコレートが脳に与える影響を発表した学術記事の解説まで、そして最近ならパワーポイントとZoomが著しく生産性を低下させる理由など、その多くはビジネスパーソンならついクリックしてしまいそうなキャッチーな記事で、どれも目を惹きます。そういったこれまでのブログ記事をもとに、読者との意見交換や質疑応答を踏まえ、加筆、修正を経て構成されたのが本書です。

言葉遣いがあまり良いとは言えず（タイトルからおわかりのとおりです）、歯に衣着せぬ一見冷徹な物言いも目立つ著者ですが、考え方の根底に終始一貫してあるのは、自分自身と自分の目標を何よりも大切にしなさいという教えです。会議に出るかどうか、上司に事実を伝えるかどうか、プライベートを犠牲にして頑張るべきかどうかなど、悩んだときには必ず、長い目で見て自分の目標に近付けるかが基準になります。忙しい毎日のなかでもそのような視点を持てたら、確かに「ビジネスとは単純なもの」と言い切れるのかもしれません。

原書の出版に合わせたインタビューで、著者はこう語っています。「どんな職場に勤め、どんな役職に就いたとしても、基本は同じ。重要なのは自分を知り、自分を売り込み、目標到達に向けて自分をコントロールすること」。「クソ」つまらない仕事や他人に自分の大切な時間を捧げる必要などありません。本書は、これから社会に出る人にも、頑張りすぎて煮詰まってしまった人にも、温かく手を差し伸べてくれるでしょう。

最後に、たくさんのアドバイスとご指摘をくださった双葉社の杉山榮一さん、翻訳会社リベルの皆さんに、この場を借りて心よりお礼申し上げます。どうもありがとうございました。

２０２１年３月
山本真麻

著者 ジョフリー・ジェームズ

世界屈指のアクセス数を誇るビジネスブログを執筆している。米・三大ネットワークであるCBS系列のウェブサイト「CBSインタラクティブ」から、現在は全米の企業家向けビジネス月刊誌「Inc.」のウェブサイトで連載中。このほかにも、ニューヨーク・タイムズやWIRED（米国版）、Fast Company、Men's Healthなどで執筆している。詳細はwww.GeoffreyJames.comを参照。

訳者 山本真麻（やまもと・まあさ）

英語翻訳者。慶應義塾大学文学部卒。訳書に『それはデートでもトキメキでもセックスでもない』（イースト・プレス）、『シンギュラリティ大学が教える シリコンバレー式イノベーション・ワークブック』（共訳、日経BP）、『アニマルアトラス 動きだす世界の動物』（青幻舎）などがある。

クソみたいな仕事から抜け出す49の秘訣

2021年4月25日　第一刷発行

著　者　ジョフリー・ジェームズ
翻訳者　山本真麻
発行者　島野浩二
発行所　株式会社双葉社
〒162-8540　東京都新宿区東五軒町3-28
［電話］03-5261-4818（営業）03-5261-4834（編集）
http://www.futabasha.co.jp/
（双葉社の書籍・コミック・ムックが買えます）
印刷・製本　中央精版印刷株式会社
装　丁　村松丈彦（むDESIGN室）

ISBN 978-4-575-31617-9　C0076　Printed in Japan